Judith Kierschke / Thomas Schüßler

#konfilogin

Ein gemeindenaher Kurs
in 15 Thementagen

JUDITH KIERSCHKE
THOMAS SCHÜẞLER

#KONFI LOGIN

Ein gemeindenaher Kurs in 15 Thementagen
Praxisbuch für Unterrichtende

neukirchener

Alle Arbeitsblätter sind auf der CD-ROM *#konfilogin – Ein gemeindenaher Kurs in 15 Thementagen. Material-CD zum Praxisbuch für Unterrichtende* enthalten (Neukirchener Verlagsgesellschaft mbH, Neukirchen-Vluyn, ISBN 978-3-7615-6627-5).

MIX
Papier aus verantwortungsvollen Quellen
FSC® C014138
FSC
www.fsc.org

Bibliografische Information der Deutschen Nationalbibliothek:
Die Deutsche Nationalbibliothek verzeichnet diese Publikation in der Deutschen Nationalbibliografie; detaillierte bibliografische Daten sind im Internet über http://dnb.d-nb.de abrufbar.

Gesamtgestaltung: Grafikbüro Sonnhüter, www.grafikbuero-sonnhueter.de
unter Verwendung von Bildern von 9george (shutterstock.com)
Lektorat: Ekkehard Starke
Verwendete Schriften: Chaparral Pro, Hyper Drive, Cocogoose
Gesamtherstellung: Finidr, s.r.o.
Printed in Czech Republic
ISBN 978-3-7615-6617-6

www.neukirchener-verlage.de

INHALT

#0 ÜBER DIESES BUCH

Das in diesem Buch vorgestellte Konzept hat sich aus der Praxis der Konfiarbeit in der Evangelischen Kirchengemeinde Storkower Land heraus entwickelt und legt seinen Schwerpunkt auf das Miteinander von Konfiarbeit und Gemeindeleben.

Christlicher Glaube ist ein lebenslanges Suchen und Finden. Ihren eigenen Glauben entdecken Jugendliche am besten im Miteinander und Gegenüber von unterschiedlichen Menschen. Der Kontakt zwischen Konfis und Gemeinde ist deshalb besonders wichtig.

Die Konfis verorten sich in der Gemeinde, erleben sich selbst als Teil von ihr, lernen andere Gemeindeglieder und ihren Glauben kennen, kommen miteinander ins Gespräch und haben auch nach der Konfirmation Beziehungen zu Gemeindegliedern.

Die Gemeinde auf der anderen Seite bekommt neuen Schwung, sie denkt neu über theologische Fragen nach. Sie nimmt ihren Auftrag ernst, den sie bei der Taufe der Kinder zugesagt hat: christlichen Glaubensfragen von Jugendlichen gegenüber offen zu sein. Die Gemeindeglieder erleben sich noch einmal neu als Teil der Gemeinde. Ob nun im Gemeindekirchenrat, wenn die Jugendlichen zu Besuch kommen. Ob als Senior*in, der/die von einem Konfi Geburtstagsbesuch bekommt. Ob als frischgebackene Taufeltern, die Besuch von den Jugendlichen bekommen und befragt werden, warum sie ihr Baby getauft haben.

Insgesamt ist es ein sehr verbindendes Konzept und schafft eine positive Grundstimmung unter den Gemeindegliedern.

Die Gemeinde wächst zusammen, erlebt sich selbst in unterschiedlichen Rollen und Funktionen und bleibt eingebunden in theologische Fragestellungen und Gedanken, die bis in den Gottesdienst ausstrahlen. Es fördert den Zusammenhalt der Gemeinde und trifft den Kern der christlichen Botschaft, die Kommunikation und Verkündigung des Evangeliums.

Praktisch treffen wir uns monatlich, samstags in der Zeit zwischen 10.00 und 16.00 Uhr.

Beginn und Abschluss eines jeden Konfitages finden mit einer kurzen Andacht in der Kirche statt. Lieder und Bibeltextvorschläge zum Thema des Tages werden in den einzelnen Kapiteln genannt. In den Andachten bekommen die Jugendlichen die Möglichkeit, ihre eigene Spiritualität zu vertiefen und liturgische Formen einzuüben und zu festigen.

Die ausgewählten Lieder sind eine Mischung aus traditionellem und neuerem Liedgut. So wird Altes bewahrt und weitergegeben und Neues kennengelernt.

Teamer*innen sind ein wesentlicher Bestandteil dieses Konzepts. Sie begleiten die Konfitage und Ausflüge und übernehmen in der Kleingruppenarbeit die Leitung einer Gruppe.

Der Ablauf eines Konfitages bildet eine Verquickung von traditionell-katechetischem Erarbeiten und Lernen und einer Didaktik, die die religiöse Selbstständigkeit der Jugendlichen ernst nimmt.

Nachdem ein Thema in seinen Hintergründen und Hauptaussagen biblisch-theologisch betrachtet wurde, bekommen die Konfis Zeit und Raum, sich dieses Themas kreativ anzunehmen und eigengestalterisch Ausdruck zu verleihen.

In 15 Thementagen werden hier klassische Themen der Konfirmandenzeit erschlossen. Das Material ist so aufbereitet, dass es auch in kleineren und kürzeren Einheiten übernommen werden kann.

Die Beschreibung der einzelnen Konfitage erfolgt in diesem Buch folgendermaßen:

Auf einen Blick

Die wichtigsten theologischen und geschichtlichen Informationen zum Tagesthema werden erörtert. Dieser zusammengefasste Überblick ist die Arbeitsgrundlage für die Teamer, die diesen Konfitag begleiten.

Verlaufsplan

Hier findet sich ein kurzer tabellarischer Ablauf des Tages, der im Anschluss genauer beschrieben wird.

Für Zeitsparer

Alle benötigten Arbeitsmaterialen des Tages finden sich unter diesem Punkt.

Weiter gedacht

Besonders hervorgehoben findet sich unter diesem Punkt die Beziehung zwischen Konfis und Gemeinde. Des Weiteren finden sich hier zum einen Übertragungen des Tagesthemas auf weitere kirchliche Arbeitsfelder.
Zum anderen lokale und inhaltliche Alternativangebote.

#1

DIE KIRCHE IN MEINEM ORT

Die Storkower Kirche

AUF EINEN BLICK

„Die sichtbare Kirche ist ein Symbol der unsichtbaren Kirche."[1] Dieses Zitat verweist in aller Kürze auf den Inhalt, den dieser Konfitag mit dem Thema „Kirche" bietet. Das Kirchgebäude ist voller Bedeutung, Symbolik und gelebtem Glauben.

Die katholische Kirche vertritt ein sakramentales Raumverständnis, der Ort ist geheiligt durch die Präsenz der konsekrierten Hostie vom Abendmahl. Der Kirchraum ist heilig, weil Jesus Christus auf sakramentale Weise gegenwärtig ist.

Evangelische Kirchen sind keine heiligen Orte per se, sie bieten den Menschen Raum an, zum Gebet, zum Zusammenkommen, als Mitte der Gemeinde, um Gottes Wort zu hören.[2] Dennoch sind sie nicht einfach nur Räume, sondern Räume voller Bedeutung und Theologie.

So weisen Kirchen in unterschiedlichen Dörfern und Städten innerhalb Deutschlands und auf der ganzen Welt viele Gemeinsamkeiten auf: Die meisten Kirchen liegen in der Mitte eines Ortes, sie sind

1 Zitat aus Goecke-Scheischab, „Kirchen erkunden und entdecken", S. 16.

2 Martin Luthers Haltung zur Theologie des Kirchraums (von 1544 zur Einweihung der Schlosskapelle in Torgau) ist auch heute noch im evangelischen Bereich bestimmend: Kirchen sind dazu da: „dass nichts anderes darin geschehe, denn dass unser lieber Herre Jesus selbst mit uns rede durch sein heiliges Wort und wir wiederum mit ihm reden durch das Gebet und Lobgesang".

von allen Seiten gut erreichbar. Sie sind der Mittelpunkt der Stadt. Kirchgebäude unterscheiden sich in ihrer Bauart deutlich von den Wohnhäusern ringsumher. Sie machen schon nach außen deutlich: Was hier geschieht, ist anders.

Viele Kirchen sind mit dem Altarraum nach Osten ausgerichtet, dorthin, wo die Sonne aufgeht. Der Sonnenaufgang gilt symbolisch als Zeichen der Auferstehung Christi. Ebenfalls im Osten wird das himmlische Jerusalem erwartet, bzw. das Paradies.

Die Mauern und Tore einer Kirche sind oft mächtig und massiv. Es wird ein Raum für Stille – Getrenntsein von dem Lärm und Stress außerhalb der Kirche – geschaffen, ein Ort der Einkehr, des Friedens, der Ruhe für die Begegnung mit Gott.

Schließlich gibt es auf den meisten Kirchen einen Turm, der die Verbindung zwischen Himmel und Erde besonders deutlich machen will. Die Turmuhr verkündet täglich: Unsere Zeit steht in Gottes Händen.

Im Inneren vieler Kirchen findet sich eine Art Vorhalle, die das Äußere vom Inneren trennt, einen Übergangsraum schafft, die Trennung vom Weltlichen zum Heiligen symbolisiert.

Der Weg im Anschluss an diese Vorhalle führt über einen langen geraden Weg zum Allerheiligsten, zum Altarbereich, der meist durch Stufen vom Gemeinderaum abgegrenzt ist. Im Altarraum befinden sich Altar und oft auch Taufbecken, Lesepult und Kanzel.

Dem Altarraum gegenüber sitzt die Gemeinde. Ein Gegenüber von Gemeinde und Christus wird sichtbar.

Die Konfitage beginnen und enden im Regelfall mit einer Andacht in der Kirche. Die Kirche wird bewusst wahrgenommen als ein besonderer Raum des Glaubens. Sich einen Kirchraum bewusst zu erschließen, geht darüber noch weit hinaus, ist aber wichtig in der eigenen Auseinandersetzung mit dem Glauben, denn nur so können Symbole, Riten, Bekenntnisse, Zeugnisse und Traditionen verstanden werden. Kirchräume sind Stein gewordene Bekenntnisse und Zeugnisse des Glaubens vergangener Tage – auch in der Kommunikation mit der Heimatgemeinde unserer Vorfahren.

Beispiele sind hier: Kriegerdenkmaltafeln oder Grabplatten in der Kirche oder ein Friedhof um die Kirche herum, die bewusst an den Umgang mit Sterben und Tod erinnern.

Seit Anfang der neunziger Jahre entwickelte sich aus der Praktischen Theologie die Kirchraumpädagogik mit drei vorrangigen Zielen: Alphabetisierung (kulturelle Gestalt des Christentums kennen- und lesen lernen), Erinnerung (persönliche Erfahrungen mit Formen überlieferten und gelebten Glaubens machen) und Beheimatung (mit dem Raum der gottesdienstlichen Gemeinde vertraut machen).[3]

In diesem Sinne wollen wir den Konfis ihre Heimatkirche(n) nahebringen.

VERLAUFSPLAN

Beginn	**Inhalt**	**Medien**
Einstieg	Andacht	
Erarbeitung 1	Vorstellungsrunde und Kennenlernspiele – eigenes Erkunden der Kirche – Erklärung und Aufgabe „Offene Kirche“ durch Ehrenamtliche	Handy
Erweiterung	Fahrradtour zur nächsten Kirche	
Pause	Mittagessen, Picknick	
Kreativteil	Kirche mit Kohlestiften abmalen	Papier, Kohlestifte
Abschluss	Andacht	

3 Vgl. Handbuch der Kirchraumpädagogik, S. 18.

ANDACHT ZU BEGINN

Lieder:
- Wir sind hier zusammen in Jesu Namen (SJ 39)
- Siyahamba (Kommt, wir wandeln) (SJ 71)

Bibelstellen:
- Psalm 84 im Wechsel (Freude am Haus Gottes)
- 1. Könige 8 (i. A.) Tempelweihgebet des Salomo

EINSTIEG

Diese Einheit ist als Beginn nach den Sommerferien mit einem neuen Kurs gedacht. Das bedeutet, neue Konfis kommen zur Gruppe hinzu. Folglich steht am Anfang eine Zeit des Kennenlernens. Anschließend wird die Kirche genauer erkundet.

ERARBEITUNG 1

Die Orgel, als das Kircheninstrument, sollte an dieser Stelle zunächst von dem Kirchenmusiker der Gemeinde gespielt und den Jugendlichen erklärt werden. So lernen die Konfis den hauptamtlichen Kirchenmusiker und das Instrument kennen.

Anschließend bekommen sie Zeit, sich den Kirchraum selbst zu erschließen. Sie erkunden die Kirche in kleinen Gruppen mit ihrem Handy und der App Actionbound.

In diesem Entwurf wurde ein „Actionbound“[4] der Ortskirche erstellt. Die App bietet sowohl virtuelle Rundgänge als auch „Schnitzeljagden“, ein Quiz und interaktive Elemente. Außerdem bietet sie die Möglichkeit von Sprach- und Fotoaufnahmen, die mit den Gruppenmitgliedern geteilt werden können.

Idealerweise erstellen die Teamer diesen Actionbound für die Konfis. Die Jugendlichen brauchen zur Durchführung ihr Smartphone. Die Fragen und Aufgaben des Actionbounds sind von der Kirchraumpädagogik beeinflusst. Es gibt eine logische Abfolge der Fragen vom

---

4 Hier müssen Lizenzen erworben werden, um den Actionbound öffentlich zu machen. Weitere Informationen: https://de.actionbound.com/.

Äußeren in die Kirche hinein, von oben (Kirchturm) nach unten und vom hinteren Teil der Kirche nach vorne, zum Allerheiligsten.

Die Informationen werden mit Aufgaben verbunden, die an den dazu passenden Orten stattfinden. Ist eine Erkundung der Kirche aus technischen Gründen mit der App nicht möglich, kann diese mit den gleichen Fragen auf Arbeitsblättern erfolgen.

Zusätzlich ist an diesem Konfitag eine Person eingeladen, die sich in der „Offenen Kirche“ engagiert. Sie erklärt, was „Offene Kirche“ in unserer Gemeinde bedeutet und was die Aufgabe der Ehrenamtlichen ist, die die geöffnete Kirche betreuen.

Teil unseres Konzepts ist es, dass die Konfis in ihrer Konfizeit selbst mindestens zwei Nachmittage die „Offene Kirche“ anbieten sollen. Diese Einheit befähigt sie dazu.
Idealerweise gestalten ein oder zwei Jugendliche gemeinsam mit ein oder zwei erfahrenen Ehrenamtlichen einen Nachmittag „Offene Kirche“.

ERWEITERUNG

An diesem Konfitag werden bei uns drei der fünf zur Gemeinde gehörenden Kirchen mit dem Fahrrad besucht.

Eine Kirchenmitarbeiterin erklärt vor Ort die Besonderheiten der nächsten Kirche, und anschließend hält die Gruppe dort im Kirchgarten gemeinsam Picknick.

KREATIVTEIL

Nach dem Picknick fahren alle mit dem Fahrrad zur nächsten (und äußerlich reizvollsten) Kirche. Bei uns ist es eine alte Dorfkirche/ Fachwerkkirche. Hier werden die Konfis noch einmal künstlerisch herausgefordert, indem sie die Kirche mit einem Kohlezeichenstift abmalen sollen. So schärfen sie ihren Blick hinsichtlich Architektur, Besonderheiten und Funktionalität von Kirchgebäuden.

FÜR ZEITSPARER

Mögliche Fragen für einen Actionbound oder ein Kirchenquiz:

1) Der Kirchturm zeigt zum Himmel und will damit auf Gott weisen. Der Turm markiert, dass Himmel und Erde zusammengehören. Das Kreuz auf der Spitze sagt: Durch Jesus Christus hat Gott seine Verbindung zu den Menschen gezeigt.
Schätze, wie hoch ist die Kirche bis zur Spitze?

2) Die Orgel – ursprünglich für weltliche Musik erfunden – wird seit dem Mittelalter im Gottesdienst eingesetzt. Der Ort, an dem sie steht, sagt etwas über ihre Bedeutung und Funktion aus. Nach der Reformation diente sie besonders zur Unterstützung des Gemeindegesanges. Deshalb ist sie oft im Rücken der Gemeinde aufgestellt.
Wie viele Pfeifen hat die Orgel?

3) Geh auf den Glockenturm, mache ein Foto von den Glocken und lade es hoch (alternativ male die Glocken kurz ab).

4) Welche Namen haben die Glocken in unserer Kirche?

5) Wann ist die Kirche erbaut / wieder aufgebaut worden? Wo findest du Informationen zur Geschichte unserer Kirche?

6) Wenn du vom hinteren Teil nach vorne in die Kirche gehst, was fällt dir auf? Wie sind z. B. Lichtverhältnisse, wo sind die Fenster? Wie ist der vordere Teil (der Altarraum) der Kirche von dem übrigen Teil der Kirche abgegrenzt?
Das alles hat einen tieferen Sinn und ist in vielen Kirchen ähnlich wiederzufinden. Man geht vom hinteren Teil der Kirche, von Westen, aus der dunklen Welt, und kommt in die himmlische Welt. Dort wird Gottes Wort gelesen, ist es heller (weil hier die Fenster sind), hier wird ge-

tauft, und hier findet das Abendmahl am Altar statt, eine besonders enge Verbindung mit Christus.
Was kannst du davon in unserer Kirche wiederfinden?

7) In evangelischen Kirchen steht der Taufstein meist in der Nähe des Altars, also des Abendmahlstisches. Das betont den Zusammenhang der beiden Sakramente: Taufe und Abendmahl. Die Taufe markiert den Beginn des Lebens mit Gott und in der Gemeinschaft der Kirche. Das Abendmahl stärkt uns auf diesem Weg.
Kennst du deinen Taufspruch? Wie lautet er?

8) Was steht alles auf dem Altar? Überlege dir, warum gerade diese Gegenstände auf dem Altar stehen? Denkst du, es fehlt etwas Wichtiges? Was wäre es?

9) Auf dem Altar liegt eine Bibel. Schlage bitte VORSICHTIG die Stelle aus dem letzten Buch der Bibel, der Offenbarung, auf (Offenbarung 21,1–5), lies es laut vor und nimm es mit dem Handy auf.

10) Suche dir einen besonderen Ort in der Kirche. Warum gefällt dir dieser Platz so? Gehe dahin, mache ein Foto und lade es hoch.

11) Ein Kirchgebäude hat viel erlebt. Es ist älter als die meisten Gemeindeglieder. Stelle dir vor, die Kirche könnte aus ihrer Geschichte erzählen. Vervollständige den Satz mit einer kurzen Geschichte: „Mein schönstes Erlebnis in all den Jahren war …“.

Die App Actionbound bietet weitere interaktive Elemente zur Gestaltung der Kirchenrallye. Darauf kann hier nicht im Detail eingegangen werden.

WEITER GEDACHT

Eine selbstständige und spielerische Erkundung der Kirche ist für alle Generationen interessant.

Auch die Kirche mit Kohlestiften einmal abzumalen, dürfte allen Altersgruppen Spaß machen und eine künstlerische Abwechslung bedeuten. Durch die genaue Betrachtung des Kirchgebäudes beim Abmalen wird die Heimatkirche noch einmal auf neue und andere Art und Weise wahrgenommen.

Neben den Kirchen in der Gemeinde werden auch wichtige Personen in der eigenen Kirchengemeinde an diesem Tag vorgestellt. Das bietet sich besonders am Anfang der Konfizeit an, um gleich (falls noch nicht bekannt) alle kennenzulernen. Durch diese Verbindungen und v. a. durch die „Offene Kirche" werden die Jugendlichen gleich eingebunden und bekommen eine Aufgabe in der Gemeinde.

#2 MEINE GEMEINDE UND ICH

AUF EINEN BLICK

„Christliche Gemeinschaft ist eine der größten Gaben, die Gott uns gibt."[5] Stand am ersten Konfitag das äußere Gebäude der Kirche im Fokus, so geht es an diesem zweiten um das Wesen der Kirche, die Gemeinde.

WAS IST GEMEINDE?

Die Gemeinde ist ein Ort der Gemeinschaft gläubiger Menschen. Sie alle sind Diener des einen Herrn Jesus Christus. Gemeinde ist dort, wo die Verkündigung des Evangeliums in Wort und Sakrament geschieht. Die Taufe ist das formale Zeichen der Kirchenmitgliedschaft. Mit der Taufe kann ein Christ selbst Taufpate werden, am Abendmahl teilnehmen[6] und, wenn er 16 Jahre alt ist, sich als Mitglied des Gemeindekirchenrates wählen lassen oder aktiv mitwählen. Die Zugehörigkeit zur Gemeinde wird meist durch den Wohnort oder besondere Glaubensinteressen bestimmt. In einer Gemeinde gibt es unterschiedliche Ämter und Funktionen, aber alle gemeinsam versammeln sich zu und unter dem Wort Jesu Christi und dienen diesem auf unterschiedliche Weise.

5 So Dietrich Bonhoeffer, vgl. Schulz, D., Illegale Theologenausbildung: Sammelvikariate 1937–1940, DBW Band 15, Seite 479.

6 Seit den 1970er-Jahren gibt es in den evangelischen Kirchen die Zulassung für Kinder zum Abendmahl.

Die Konfis lernen sich an diesem Tag als aktiven Teil der Gemeinde kennen. Sie nehmen Aufgaben in der Gemeinde wahr, sie besuchen andere Gemeindeglieder, und sie probieren sich selbst in der Leitungsrolle (GKR) aus.

VERLAUFSPLAN

Phase	Inhalt	Medien
Beginn Einstieg	Andacht	
Erarbeitung 1	Einstieg: – Welche Personen gehören zur Kirchengemeinde? – Warum und wie wird diese geleitet? – Rechte und Pflichten eines Gemeindegliedes?	
Erweiterung 1	Geburtstagsbesuche bei Gemeindegliedern	Kleine Geschenke
Pause/Reflexion		
Erarbeitung 2	GKR-Sitzung, Rückbezug und Weiterführung	AB
Erweiterung 2	Gruppenarbeit „Wir verkaufen unsere Kirche“	AB Plakate Stifte
Erweiterung 3	Simulierte GKR Sitzung „Wir verkaufen unsere Kirche“	
Reflexion Abschluss-andacht		

ANDACHT ZU BEGINN

Lieder:
- Strahlen brechen viele aus einem Licht (EG 268)
- Ein Schiff, das sich Gemeinde nennt (EG 595)

Bibeltexte:
- Apostelgeschichte 4,32–37 Das Leben in den frühen Gemeinden
- 1. Korinther 12,4–6.12 Ein Leib, viele Glieder

Zu diesem Konfitag gehört maßgeblich dazu, dass die Jugendlichen zuvor an der vergangenen Gemeindekirchenratssitzung[7] (GKR) teilgenommen haben. Dort haben die GKR-Mitglieder ihre Arbeit vorgestellt und anschließend im Beisein der Konfis die Sitzung fortgeführt. So erleben die Jugendlichen, welche Themen eine Kirchengemeinde beschäftigen, z. B.: Personal, Bau, Finanzen, Planung von besonderen Gottesdiensten oder Gemeindeausflügen.

„PATENSCHAFT"

Um die Beziehungen zwischen Gemeinde und Jugendlichen enger zu knüpfen, bekommt jeder Konfi eine/n „Paten*in" aus dem GKR. Diese Patenschaft besteht darin, dass das GKR-Mitglied und der Konfi sich mindestens einmal in den zwei Jahren treffen, zum gemeinsamen Essen oder Tee trinken. Beide bekommen die Aufgabe, etwas über den anderen herauszubekommen. Mögliche Gesprächsinhalte könnten sein: Warum arbeitet er/sie freiwillig in der Gemeinde mit, was gefällt ihm/ihr an der Gemeinde, was würde er/sie gerne ändern? Und andersherum: Warum lässt er/sie sich konfirmieren, was sind seine/ihre Zukunftsträume, was denkt er/sie über den Glauben ...?

ERARBEITUNG 1

Als Einstieg liegt ein großes Plakat, auf dem „Gemeinde" steht, in der Raummitte. Die Konfis werden aufgefordert, passende Begriffe dazuzuschreiben. Anschließend wird gemeinsam ausgewertet und über-

---

7 In anderen Landeskirchen: Presbyterium, Kirchvorstand, Ältestenrat ...

legt, was alles eine Gemeinde ausmacht. Das Plakat wird die Gruppe den ganzen Tag über sichtbar begleiten.

ERWEITERUNG 1

Eine Aufgabe der Gemeinde ist die Fürsorge gerade für die älteren und kranken Gemeindeglieder.

In vielen Gemeinden ist diese Aufgabe unterschiedlich organisiert. Daran sollen sich nun auch die Konfis beteiligen. Zu zweit besuchen sie Gemeindeglieder.

Die Pfarrperson hat im Vorfeld mit Gemeindegliedern gesprochen, die entweder gerade Geburtstag hatten und ihren Geburtstagsbesuch nun von Jugendlichen bekommen, oder mit Gemeindegliedern, die sich über einen Besuch freuen würden. Besonders ältere Gemeindeglieder, die auf Grund von Krankheit nicht mehr so häufig in den Gottesdienst kommen können oder überhaupt nicht mehr aus dem Haus kommen, freuen sich, auf diese Weise noch Kontakt zu der Gemeinde zu haben und gebraucht zu werden. Sie freuen sich über Jugendliche, die zu Besuch kommen und ihnen zuhören. Dadurch erfahren die Konfis, was diakonisches Arbeiten ist.

Die Gemeinde rückt näher zusammen, Alt und Jung lernen sich kennen, die sonst weniger Kontakt zueinander hätten.

Die Konfis bekommen eine Frage mit auf den Weg, die sie den Besuchten stellen können: „An welche Ereignisse aus unserer Kirchengemeinde können sie sich besonders gut erinnern, und warum?" Dieser Einstiegsimpuls erleichtert den Gesprächseinstieg.

Die Jugendlichen gehen zu zweit zu den Gemeindegliedern. Für den Besuch ist eine gute halbe Stunde angesetzt, damit es auch nicht zu lange wird.

Die Besuche werden im Anschluss in der Gruppe ausgewertet: Wie haben die Jugendlichen die Besuche erlebt, gab es Lustiges oder Verstörendes? Was sollte vielleicht noch besprochen werden.

Die Auswertung ist wichtig, um die Erlebnisse der Jugendlichen zu erfahren und um Erlebtes reflektieren zu können.

ERARBEITUNG UND ERWEITERUNG 2

In dieser Phase ist Leitung einer Gemeinde das Thema. Es wird Bezug genommen auf die GKR-Sitzung, an der die Konfis teilgenommen haben, und diese wird ausgewertet. Anschließend bekommt die Konfigruppe die Aufgabe, eine eigene GKR-Sitzung mit einem vorgegebenen inhaltlichen Problem zu simulieren.

Wir haben gute Erfahrungen mit folgendem Beispielproblem gemacht: Unsere Kirche ist in diesem Gedankenspiel marode und sanierungsbedürftig. Das Geld zur Instandsetzung ist nicht vorhanden. Ein Ausweichgebäude (zur Feier von Gottesdiensten) ist in der Gemeinde im renovierten Gemeindehaus vorhanden. Was macht der Gemeindekirchenrat?

Die Jugendlichen werden in drei Gruppen eingeteilt, die je eine vorgegebene Antwortmöglichkeit favorisieren und diese später in der Großgruppe vertreten sollen.

Das Arbeitsblatt 1 (Die Problemstellung) wird in der Großgruppe vorgelesen, und Verständnisfragen werden besprochen.

Die Jugendlichen gehen nun in 3 oder 6 Gruppen (je nach Gruppengröße) und bearbeiten in der Gruppe eine fiktive Position des GKR. Hierzu bekommen sie ein Arbeitsblatt, ein Plakat zur Präsentation und Stifte. Pro Gruppe gibt es eine/n Gruppenteamer*in, der/die die Gruppe anleitet und unterstützt.

Die drei Positionen sind:[8]

1. Die Gemeinde will die Kirche behalten und versucht, Geld für die Renovierung aufzutreiben.
2. Ein privater Investor will die Kirche kaufen und für eine Disco nutzen.
3. Die Stadt will die Kirche kaufen und hauptsächlich kulturelle Lesungen und Musik darin veranstalten.

---

8 Vgl. Punkt 3 Arbeitsblätter.

Die Jugendlichen bekommen nun Zeit in den Gruppen, um ihre Position so vorzubereiten (inklusive Plakat), dass sie im Anschluss in einer simulierten GKR-Sitzung diese Position wiedergeben können und dafür auch einstehen können.

ERWEITERUNG 3

Eine GKR-Sitzung zu dem Thema „Kirche verkaufen?“ wird nachgespielt. Wichtig ist, einen GKR-Vorsitzenden aus dem Kreis der Jugendlichen (eine/n Teamer*in?) zu bestimmen, der/die das Gespräch leiten kann.

Zunächst stellt jede Gruppe ihre Position vor.

Anschließend ist es Aufgabe der Gruppe, sich nun als GKR zu einigen, wie mit der Kirche weiter verfahren wird. Die Teamer*innen und Pfarrpersonen halten sich in diesem Teil zurück und lassen die Konfis zu einer eigenen Entscheidung kommen.

Sie erleben hier hautnah, welche wichtigen Entscheidungen in der Hand des GKR liegen können und wer somit verantwortlich für die Kirchengemeinde ist.

Reflexion

Die simulierte GKR-Sitzung soll mit einem eindeutigen Ergebnis beendet werden.

Anschließen kann über folgende Themenkomplexe geredet werden:

- Verlauf der Sitzung und Zustandekommen des Ergebnisses;.
- Gefühle und Reaktion von GKR-Mitgliedern und Gemeinde;
- Relevanz des fiktiven Problems für die reale Situation in der eigenen Gemeinde;
- die persönlichen Meinungen der Jugendlichen unabhängig ihrer Rolle im Spiel.

FÜR ZEITSPARER

ARBEITSBLATT 1

KIRCHE VERKAUFEN?

Die Gemeinde hat ein neues Gemeindehaus direkt neben der Kirche. Im Dachgeschoss dieses Gemeindehauses befindet sich ein attraktiver Kirchraum.

Die Kircheneinnahmen gehen immer mehr zurück.

Die Gemeinde bekommt auch immer weniger Geld von der Landeskirche, aber die Kosten steigen, vor allem im Neubau (Gemeindehaus): die Kita, die Sicherheitssysteme, der Fahrstuhl, die Heizung, die Personalkosten (Pfarrer, Musiker, Katechetin, Erzieherinnen, Hausmeister, Sekretärinnen ...).

Die alte Kirche müsste dringend renoviert werden, aber das Geld ist nicht vorhanden. Auch die Orgel braucht eine Generalüberholung.

Allein die Renovierungskosten würden mindestens 250.000 Euro betragen, die die Gemeinde nicht hat.

Da bekommt die Kirchengemeinde zwei Angebote für das Kirchgebäude.

1. Das erste Angebot ist von der Stadt, die die Kirche renovieren will, sie im Grunde so erhalten will, wie sie ist, dann aber für kulturelle Lesungen, klassische Musik und als Art Stadthalle nutzen will. Die Stadt würde der Gemeinde 500.000 Euro für das Kirchgebäude geben.

2. Das zweite Angebot ist von einem privaten Investor, der das Kirchengebäude umbauen will zu einem Club / einer Disco / Szene-Kneipe für den ganzen Landkreis. Er würde der Gemeinde 800.000 Euro für das Kirchgebäude zahlen.

ARBEITSBLATT 2

UNTERSCHIEDLICHE GKR-STRÖMUNGEN
GRUPPE A)

Wir behalten die Kirche und kümmern uns um Spenden, landeskirchliche Förderungen, Denkmalschutz und so weiter. Wir starten Kampagnen und bekommen das Geld für die Renovierung zusammen.

ARBEITSAUFTRAG

Sammelt weitere Argumente, um die Kirche für die Gemeinde zu erhalten. Erstellt ein Präsentationsplakat für die Gruppe, so dass eure Ideen sie überzeugen!

Mögliche Argumente, die die Teamer*innen der Gruppe zur Verfügung stellen könnten:

- Die Kirche gehört unbedingt zum Bild der Stadt. Was für ein trauriges Bild wäre es, wenn die Kirche dann nicht mehr Kirche ist, sondern Disco. Untergang der Kirche! Das geht auf keinen Fall.
- Traditionsabbruch! Die alte Kirche bedeutet den älteren Gemeindegliedern viel. Sie haben sie nach dem 2. Weltkrieg teilweise selbst mit aufgebaut. Außerdem ist zu befürchten, dass sich niemand in der neuen Kirche taufen lassen will oder dort heiraten will. Das möchte man nur in einer schönen, alten, traditionellen Kirche! Das würde unser Gemeindeleben zerstören!
- Wenn die Kosten im neuen Gemeindehaus zu hoch sind, muss überlegt werden, hier Abstriche zu machen. Auf wen (Personal) können wir verzichten? Oder gibt es noch andere Einsparmöglichkeiten?
- Die katholische Gemeinde hat angeboten, sich an den Renovierungskosten der Kirche zu beteiligen, wenn wir uns dann den

Kirchraum teilen. Einen Sonntag feiern wir evangelischen Gottesdienst, darauf katholischen Gottesdienst, immer abwechselnd. Die laufenden Kosten würden dann geteilt werden.

ARBEITSBLATT 3

GRUPPE B)

Wir verkaufen die Kirche an die Stadt.

Die Stadt geht mit dem Kirchgebäude angemessen um. Sie nutzt es für kulturelle Zwecke, was in keinem Sinne dem evangelischen Auftrag entgegensteht.

Das Geld aus dem Verkauf können wir in gute Projekte (eigene Gemeinde oder Spende) investieren.

ARBEITSAUFTRAG

Sammelt weitere Argumente, um die Kirche an die Stadt zu verkaufen. Erstellt ein Präsentationsplakat für die Gruppe, so dass eure Ideen sie überzeugen!

Mögliche Argumente, die die Teamer*innen der Gruppe zur Verfügung stellen könnten

- Wir brauchen den Kirchraum sowieso nicht mehr, wir haben ja die Winterkirche.
- Das Geld von der Stadt reicht uns, um die laufenden Kosten für die nächsten 10 Jahre zu finanzieren.

Wir überlegen in der Gruppe auch, ob und welche Anschaffungen von diesem Geld gewinnbringend gemacht werden können:

- Sollten wir spenden? Gut und fair investieren?
- Sollten wir uns als Kirche mit dem Geld um Benachteiligte kümmern, vielleicht in unserem Heimatort selbst ein soziales Programm initiieren (z. B. für arme Familien, so wie die Arche in Berlin, oder zur Unterstützung der Flüchtlinge? Für die Jugendlichen einen Jugendraum?).

Das alles ist schließlich urchristlich: Alles, was wir haben, verkaufen und den Bedürftigen geben.

ARBEITSBLATT 4

GRUPPE C)

Wir verkaufen die Kirche an den Discobetreiber. Das bringt uns für unsere Arbeit am meisten Geld. Wir haben ja einen schönen und zeitgemäßen Gottesdienstraum (Winterkirche). Wir sollten im Übrigen auch gleich mal über eine neue Gottesdienstform reden mit neuer Musik und viel Technik, so wie es der Zeit angemessen ist. Da kann man von dem vielen Geld, was wir bekommen würden, gleich wieder investieren.

Wie können wir mit dem Geld unsere Gemeinde modernisieren, damit sie im 21. Jahrhundert ankommt?

ARBEITSAUFTRAG

Sammelt weitere Argumente, um die Kirche an den Discobetreiber zu verkaufen. Erstellt ein Präsentationsplakat für die Gruppe, so dass eure Ideen sie überzeugen!

Mögliche Argumente, die die Teamer*innen der Gruppe zur Verfügung stellen könnten:

- Brauchen wir mehr Personal? Brauchen wir mehr Technik/Werbung?
- Brauchen wir noch andere Einrichtungen oder einen kompletten Neubau? Was von den alten Sachen brauchen wir nicht mehr? Was steht der Zukunft der Kirche vielleicht selbst im Weg?
- Was haben wir hier für neue Ideen, um die Gemeinde endlich zu reformieren, zu erneuern und damit auch wachsen zu lassen! V. a. auch für die Jugend, die sowieso nie in den traditionellen Gottesdienst, in die alte Kirche gegangen ist. Da waren eh nur noch ein paar alte Leute. Die Zeiten ändern sich! Die Kirche muss mitgehen!

WEITER GEDACHT

An diesem Konfitag werden die Jugendlichen sensibilisiert für die Aufgaben innerhalb einer Kirchengemeinde. Zum einen erleben sie das Agieren der Kirchenleitung, zum anderen erkennen sie, dass eine Gemeinde Sorge trägt für alle ihre Mitglieder. In dem Planspiel erleben sie die Komplexität und die Schwierigkeiten, vor denen Gemeinden manchmal stehen. In den Argumentationen für oder gegen den Kirchenverkauf entwickeln sie ein eigenes Gemeindebild.

Der Bezug zu der Gemeinde ist in dieser Einheit sehr eng: zum einen durch die Patenschaft des Gemeindekirchenrates, zum anderen durch die Besuche der Konfis bei den Gemeindegliedern.

Das Thema Geburtstagsbesuche wird in den Gemeinden unterschiedlichen gehandhabt. Mit dieser Einheit kann dazu angeregt werden, auch in anderen Gemeindekreisen zu überlegen, Geburtstagsbesuche oder Krankenbesuche zu übernehmen. Die Gemeinde besucht sich untereinander.

Eingang zum
Friedhof der von
Bodelschwinghschen
Anstalten Bethel

#3

TOD UND AUFERSTEHUNG –

IM HAUS DES LEBENS IMMERDAR

AUF EINEN BLICK

Jeden Sonntag im Gottesdienst bekennen Christen mit dem Apostolischen Glaubensbekenntnis, dass sie an ein Leben nach dem Tod glauben. Doch was bedeutet der Glaube an die „Auferstehung der Toten und das ewige Leben"?

Die meisten Jugendlichen haben in ihrem familiären Umfeld bereits Erfahrungen mit dem Tod gemacht. Selten können sie dort jedoch darüber reden und ihre Fragen stellen. Aber natürlich stellt sich ihnen die Frage: Was passiert nach dem Tod mit dem oder der Verstorbenen? Oft wird diese Frage aber nicht offen beantwortet, sie ist mit zu viel Schmerz, Angst und auch Unkenntnis verbunden. Häufig wird das Thema deshalb verdrängt.

Jugendliche werden mit einer Vielzahl von Deutungen des Todes konfrontiert: von Wiedergeburt, von Himmel und Hölle, von einer Seele, die umherschwebt, bis hin zu der Überzeugung, dass nach dem Tod nichts passiert, sondern einfach alles vorbei ist.

Den Jugendlichen an dieser Stelle die Frohe Botschaft des Auferstandenen näherzubringen, ist wohl einer der wichtigsten Inhalte der Konfizeit. Hier kommen sie persönlich mit existentiellen Fragen in Kontakt, deren christliche Antwort ihrem eigenen Leben Halt und Kraft geben kann.

Die Auferstehung Christi von den Toten ist das entscheidende Heilsereignis im christlichen Glauben. So heißt es im 1. Korintherbrief 15,14 „Wäre aber Christus nicht auferstanden, so hätte unsere ganze Predigt keinen Sinn, und euer Glaube hätte keine Grundlage."[9] Das Christentum beginnt damit, dass die Menschen an die Auferstehung Jesu durch Gott glauben.

Durch die Auferstehung Jesu haben alle Christen die Hoffnung auf die Auferstehung der Toten.

Was das genau bedeutet und wie das in allen Einzelheiten vollzogen werden wird, können wir nicht wissen. Aber uns ist die Hoffnung durch Christus gegeben, dass Gott uns nach unserem irdischen Tod in sein ewiges Leben aufnehmen wird. Hinzu kommt die Zusage Gottes, dass dann eine Zeit des Friedens, der Liebe und des Glücks anbrechen wird – ohne Tränen, Leid und Geschrei (vgl. Offb 21).

Dieser Glaube und diese Hoffnung sind die Kernbotschaft jeder christlichen Bestattung.

Um den Konfis dieses Abstraktum nahezubringen, wurde das Symbol des „Haus des Lebens" gewählt, mit welchem an diesem Tag gearbeitet wird.

Zunächst biblisch-theologisch, anschließend in Form einer ersten Übertragung auf den Friedhof als Haus des Lebens und in einem dritten Schritt künstlerisch-praktisch, indem die Jugendlichen ein Haus des Lebens gestalten.

Das Symbol „Haus des Lebens" (oder „Haus der Ewigkeit") ist im Judentum gängige Bezeichnung für Friedhöfe.

Durch die positiven Assoziationen „Leben" und „Ewigkeit" ist es theologisch einfacher zu verstehen. Die Konfis erkennen an diesem Tag, dass Tod und Sterben keine Tabuthemen sind, – dass es natürlich immer mit Traurigkeit verbunden ist, wenn ein geliebter Mensch

9 Übersetzung nach „Hoffnung für Alle".

stirbt, aber dass uns Christen die Hoffnung auf ein Ewiges Leben nach dem irdischen Tod bei Gott geschenkt ist. Dies alles wird sichtbar im Symbol „Haus des Lebens".

Der Konfitag ist für den November geplant, am Samstag vor dem Ewigkeitssonntag.

Am Ewigkeitssonntag werden im Gottesdienst Kerzen für die Verstorbenen der Gemeinde des letzten Kirchenjahres entzündet. Das Entzünden der Kerzen ist Aufgabe der Konfis.

Die Jugendlichen erfahren die Bedeutung des Ewigkeitssonntages, und sie erleben, dass christliche Gemeinde ein Ort ist, an dem der Tod nicht tabuisiert wird, sondern ein Ort des gemeinsamen Trauerns, aber auch der Hoffnung ist.

VERLAUFSPLAN

Phase	**Inhalt**	**Medien**
Beginn Einstieg	Andacht	AB 1 Musik/ CD
Erarbeitung 1	„Tears in Heaven"	
Erarbeitung 2	Erarbeitung in Gruppen Unsere Vorstellung: – Hatten wir Begegnungen mit dem Tod? – Was kommt nach dem Tod?	
Erweiterung 1	Besuch beim Bestatter	
Erweiterung 2	Gang zum Friedhof und dort AB	AB 2 Stifte
Pause		
Auswertung	Auswertung des Fragebogens und Klärung offener Fragen	AB 2

Überleitung	Plakat „Haus des Lebens“ Assoziationen	Plakat, Stifte
Kreativteil	„Haus des Lebens“ – Vogelhäuser gestalten	Vogelhäuser, Farbe
Andacht		

ANDACHT ZU BEGINN

Lieder:
- Bleib bei mir, Herr (EG 488)
- So nimm denn meine Hände (EG 376)
- Von guten Mächten wunderbar geborgen (EG 65)

Bibeltext:
- 1. Korinther 15,50–58
- Psalm 23

ERARBEITUNG 1

Der Einstieg in das Thema wird mit dem Lied von Eric Clapton „Tears in Heaven“ von 1992 gewählt. Da Erfahrungen mit Sterben und Tod vielleicht gemacht wurden, diese aber für die Jugendlichen schwierig und oftmals mit Angst oder Trauer besetzt sind, ist es gut, nicht mit eigenen Erfahrungen zu beginnen, sondern mit einer Fremderfahrung, die aber alle nachvollziehen können. Zunächst wird den Konfis die Hintergrundgeschichte zu diesem Lied berichtet. Es beschreibt Claptons eigene Trauer nach dem Unfalltod seines vierjährigen Sohnes, der am 20. März 1991 in New York City aus einem Fenster im 53. Stock fiel. Die wiederkehrende Frage in diesem Lied ist, ob er seinen Sohn im Himmel wiedersehen und ihn erkennen wird.

ERARBEITUNG 2

Da das Thema sehr emotional und privat werden kann, ist es für die Großgruppe eher ungeeignet. Kleinere Gruppen (mit je einem erfahreneren Teamer oder Pfarrer) werden eingeteilt, und in diesen

Gruppen ist Zeit und Raum gegeben, sich näher mit den Fragen zu beschäftigen.

Hier ist Sensibilität gefragt: Haben Jugendliche kürzlich im engeren Familienkreis einen Todesfall erlebt oder liegt ein Familienmitglied im Sterben, ist seelsorgerisches Geschick nötig und ein Gespräch ratsam. In den kleineren Gruppen wird zunächst nach Erfahrungen mit Tod und Sterben im Familien-/Freundeskreis gesprochen.

In der Gruppe wird überlegt: Wo sind die Toten, was passiert mit ihnen? Diese Runde ist eher ein Brainstorming, und erfahrungsgemäß gibt es bei den Jugendlichen viele unterschiedliche Vorstellungen.

Innerhalb dieser Gruppenarbeit sollte auch über das christliche Verständnis des Todes und der Auferstehung gesprochen werden.

Es wird an die Texte aus der Andacht erinnert, vielleicht noch einmal nachgelesen, den 23. Psalm und den Text aus dem 1. Korintherbrief (Kapitel 15), auch an das Lied von Eric Clapton: Das ist die christliche Hoffnung, nach dem Tod geht es weiter mit uns bei Gott. „Ich werde bleiben im Hause des Herrn immerdar" (Psalm 23). Eric Clapton singt von einem Himmel als Synonym für „bei Gott".

ERWEITERUNG 1

Für die Beschäftigung mit der praktischen Seite des Todes wird sowohl der örtliche Friedhof als auch ein Bestattungsunternehmen besucht.

Der Bestatter berichtet über Ablauf und Organisation der Bestattung sowie unterschiedliche Bestattungsformen (Sarg, Urne, Seebestattung, Tree of life).

ERWEITERUNG 2

Auf dem Friedhof erarbeiten sich die Konfis in Kleingruppen (2–3 Personen) das Arbeitsblatt 2. Es wird ihnen Zeit und Raum gegeben, den Friedhof selbst zu erkunden.

Bei der Auswertung des AB wird deutlich, dass, obwohl auf einem Friedhof tote Menschen begraben liegen, es viele Anzeichen und Symbole des Lebens gibt:

- Ist der Friedhof rund um die Kirche angelegt, so spricht man auch von Paradieswiese.
- Die Bäume, besonders immergrüne Bäume (wie Tanne, Thuja, Zypresse, Efeu und Buche) gelten als Symbole des Ewigen Lebens.
- Das KREUZ ist das christliche Symbol für den Glauben und die Hoffnung auf die Auferstehung.
- Die brennende KERZE auf manchen Gräbern (v. a. katholischer Brauch) ist ein Symbol für die christliche Hoffnung (das Licht Jesus) angesichts der Finsternis des Todes.
- Der KRANZ in seiner geschlossenen Kreisform symbolisiert Kraft und Unendlichkeit. Er soll zeigen, dass das Leben mit dem Tod nicht zu Ende ist.

„HAUS DES LEBENS" ist das Oberthema dieses Tages.

Die Konfis werden nun aufgefordert zu erklären, warum als Überschrift dieses Tages „Haus des Lebens" gewählt wurde, und nicht z. B. „Tod und Sterben" oder „Was zum Schluss kommt ...".

Sie haben es an diesem Konfitag auf unterschiedliche Weise erlebt: In der Andacht zu Beginn mit dem 23. Psalm „Ich werde bleiben im Hause des Herrn immerdar", dann im Lied und in den biblischen Texten, zuletzt in den Symbolen des Ewigen Lebens auf dem Friedhof.

In der Mitte des Raumes liegt ein großes Plakat mit der Überschrift „Haus des Lebens". Die Jugendlichen werden aufgefordert, Stichpunkte, Symbole oder eine Assoziation dazuzuschreiben, die sie passend finden.

Nach einem anschließenden Gespräch darüber können die Konfis nun auch künstlerisch ihre eigenen Gedanken dazu ausdrücken. Sie bekommen alle je ein kleines Holzvogelhaus und Farben, um dieses zu gestalten. Die Aufgabe ist, das Haus farblich und mit passenden Symbolen (vgl. Plakat) unter der Überschrift „Haus des Lebens" zu gestalten. In ihrer eigenen Kreativität und ihrer eigenen Theologie diesbezüglich sind ihnen keine weiteren Grenzen vorgegeben.

Diese „Häuser des Lebens" werden am nächsten Sonntag, dem „Ewigkeitssonntag", in die Kirche gestellt, und den Gottesdienstbesuchern wird von diesem Konfitag berichtet. Die Hoffnung wird durch das Bild „Haus des Lebens“ sowohl symbolisch als auch konkret zum Sehen und Anfassen an die Gemeinde weitergegeben.

Der Konfitag endet mit einer Andacht in der Kirche.

FÜR ZEITSPARER

„Tears in Heaven“ von Eric Clapton 1992 frei übersetzt

Wirst du meinen Namen
kennen, wenn ich dich im Himmel sähe?

Wäre es das Gleiche, wenn ich dich im Himmel sähe?

Ich muss stark sein und durchhalten, denn ich weiß:
Ich gehöre nicht in den Himmel.

Wirst du meine Hand halten, wenn ich dich im Himmel sähe?

Wirst du mir helfen zu stehen, wenn ich dich im Himmel sähe?
Ich werde meinen Weg finden durch Nacht und Tag,
denn ich weiß: Ich kann noch nicht im Himmel bleiben.

Zeit kann dich niederdrücken, Zeit kann dich in die Knie zwingen,
Zeit kann dein Herz brechen und dich betteln lassen.

Hinter der Tür ist Frieden, da bin ich sicher.

Und ich weiß, da sind keine Tränen mehr im Himmel

ARBEITSBLATT 1

(FRIEDHOF)

a) Beschreibe deinen ersten Gesamteindruck vom Friedhof. Wo liegt er im Ort? Wie ist die Umgebung? Wie ist der Eingang gestaltet? Wie ist der Charakter, und wie gefällt er dir?

b) Was halten die Grabsteine als wichtigste Aussage über einen Menschen und sein Leben fest?

Schreibe Beispiele auf.
Mögliche Antworten:

- Geburts- und Sterbedaten
- Geburtsname, Ehename, alle Vornamen
- Verheiratet
- Mutter, Vater, Großvater, Kind ... (Familienverhältnisse)
- Beruf

c) Auf manchen Grabsteinen findest du Zeichen oder Symbole. Sie sagen etwas darüber aus, wie Menschen den Tod oder das, was für sie danach kommt, verstehen. Male einige Symbole ab und überlege, was sie bedeuten könnten?

Mögliche Antworten:

- <u>Alpha und Omega</u>
  A und O als erster und letzter Buchstabe im griechischen Alphabet. Jesus Christus ist A und O, Anfang und Ende.

- <u>Kreuz, betende Hände und Rosen</u>
  Das <u>Kreuz</u> ist das christliche Symbol der Hoffnung auf die Auferstehung. Die betenden Hände sind Zeichen des Vertrauens zu Gott.

Die Rose ist Zeichen der Mutter Maria und steht für ewige Liebe, Schönheit und Reinheit. Ihre Dornen symbolisieren aber auch das Leiden und den Schmerz.

- Aufgeschlagene Bücher können im Christentum die Bibel verkörpern. Sie beziehen sich auf religiöse Gelehrsamkeit und Frömmigkeit. Nach der Offenbarung des Johannes wird das Buch außerdem zum „Buch des Lebens" (z. B. Offb. 3,5). Demnach können aufgeschlagene Bücher als Symbol für ein erfülltes Leben interpretiert werden.

- Ähren und Trauben sind Symbole für Brot und Wein. Sie symbolisieren die enge Verbindung zwischen Christus und den Gläubigen und weisen auf das Abendmahl hin. Ähren und Trauben stehen für Vergebung und die Erwartung der Ewigkeit.

- Der Anker ist seit jeher ein Bild der Hoffnung und der Zuversicht. Er sichert Schiffe im Hafen und auch auf stürmischer See. Oft wird er in der Verbindung mit dem Kreuz und einem Herz dargestellt und symbolisiert Glaube, Hoffnung und Liebe.

d) Auf manchen Gräbern finden sich nicht nur Pflanzen, sondern auch weitere Schmuckelemente oder Figuren. Womit sind Gräber noch geschmückt, und was könnte das ausdrücken?

Mögliche Antworten:
- Engel als Begleiter
- Grabkerzen; Ewige Lichter als Symbol für Jesus Christus, unser Hoffnungs- und Lebenslicht
- Spielzeuge bei Gräbern von Kindern
- Fotos der Verstorbenen zur Erinnerung

e) Suche den ältesten Verstorbenen? Suche den jüngsten Verstorbenen und notiere sie hier.

f) Suche die „Grüne Wiese“ – was ist das?

g) Suche ein besonders außergewöhnliches Grab (ob es dir nun besonders gut gefällt oder gerade nicht). Beschreibe es! Was ist daran besonders?

h) Wo auf diesem Friedhof findest du Jesus (Jesusbilder, Jesusworte ...)?

i) Findest du auf unserem Friedhof Hinweise auf besondere Ereignisse zur Orts- oder Zeitgeschichte (z. B. Soldatengräber, Unfälle, besondere Persönlichkeiten ...)?

WEITER GEDACHT

Die Verbindung zur Gemeinde geschieht an diesem Tag an mehreren Stellen.

- Die Begegnung mit dem Bestatter vor Ort.
- Der Friedhof der Gemeinde.
- Der Gottesdienst am kommenden Sonntag (Ewigkeitssonntag), den die Konfis mitgestalten, ihre „Häuser des Lebens“ präsentieren und Kerzen für die Verstorbenen entzünden.

Übertragbar auf Schule und andere Gemeindekreise sind alle Teile dieses Tages. Der Besuch beim Bestatter und dem örtlichen Friedhof ist für den Religionsunterricht interessant. In der Seniorenarbeit eignet sich besonders die Arbeit mit den Symbolen.

Der Kreativteil ist für alle Gruppen geeignet. Das kleine Vogelhäuschen als „Haus des Lebens“ zu gestalten macht Spaß, ist relativ einfach und fordert zum theologischen Nachdenken heraus.

Auch das Lied „Tears in Heaven“ ist ein guter Einstieg in das Thema.

#4

„KÖNIGSTAFEL“

DIAKONISCHES HANDELN ERLEBEN

AUF EINEN BLICK

„Es geht kein Mensch über die Erde, den Gott nicht liebt.“[10] Dieses Zitat von Friedrich von Bodelschwingh fasst den Grundgedanken der Diakonie gut zusammen.

Die Wurzeln der Diakonie liegen in der Bibel. Hier wird von Gottes Barmherzigkeit und seiner Liebe zu den Menschen berichtet. In der Bibel wird aufgerufen zur Fürsorge für Schwache, Kranke, Bedürftige und Fremde.

Ein bekanntes Gleichnis Jesu ist in diesem Zusammenhang das vom Barmherzigen Samariter (Lukas 10). Ebenso erinnern die Werke der Barmherzigkeit in Matthäus 25 an unseren Auftrag, als Nachfolger Christi in jedem Menschen Jesus Christus zu sehen und ihm zu helfen.

Jesu Zuwendung zu den Armen und Schwachen ist Ausdruck seines „dienenden“ und „dazwischen gehenden“ Selbstverständnisses (beides mögliche Übersetzungen des griech. diakonoi).

---

10 Zitat übernommen von: Hellmann, M., Es geht kein Mensch über die Erde, den Gott nicht liebt: Das Leben Friedrich von Bodelschwinghs d. Ä., 1993.

Bei Paulus ist Diakonie bereits ein Wesensmerkmal der Kirche, welche von allen Gemeindegliedern ausgeübt werden soll (z. B. 2. Korinther 5,18).

Lange Zeit übernahmen Klöster, Mönche und Nonnen diakonische Aufgaben in Krankenhäusern oder als Helfer für die Armen und Benachteiligten.

Zu Beginn des 19. Jahrhunderts kam dann, mit der sog. „Inneren Mission", die moderne Diakonie auf den Plan. Als Reaktion auf das Massenelend (Armut, Krankheit, Arbeitslosigkeit, Waisenkinder ...) im Zeitalter der Industriellen Revolution gründete Pfarrer Johann Hinrich Wichern das „Rauhe Haus" (1833) als Rettungshaus für verarmte Kinder und Jugendliche. Die Gehilfen des „Rauhen Hauses" bildeten eine erste diakonische Bruderschaft, als Gegenstück zu den Diakonissenschaften der Zeit.

Heute erleben Jugendliche die Diakonie als einen professionellen Dienstleister neben anderen, losgelöst von der Gemeinde.

Dennoch unterhalten viele christliche Gemeinden diakonische Projekte, getragen von ehrenamtlichem Engagement (Tafel, Laib und Seele, Kleiderkammern, Bedürftigenbasar, internationale Partnerschaften, Projekte in der Flüchtlingshilfe ...).

An diesem Konfitag sollen Jugendliche diakonisches Arbeit in ihrer Gemeinde praktisch erleben.

WAS IST DIE „KÖNIGSTAFEL"?

Die Königstafel ist ein diakonisches Projekt der Storkower Kirchengemeinde. In der Adventszeit laden die Konfis Menschen ein, denen es gesundheitlich, sozial und finanziell nicht so gut geht, und servieren ihnen ein gutes Essen.

Eingeladen werden Obdachlose, Flüchtlinge und Menschen, deren Adressen die Diakonie hat und bei denen die Diakoniepfleger denken, sie würden sich über solch ein Essen freuen.

Es ist also eine enge Zusammenarbeit mit der Diakonie vor Ort da. Mit den Jahren ist es nicht nur ein Projekt der Konfis geblieben. Die Konfieltern sind in großem Maße am Gelingen dieses Projektes beteiligt. Sie helfen am Tag der Königstafel in der Küche mit. In der Gemeinde wird im Dezember die Gemeindekollekte für dieses Essen gesammelt. So beteiligt sich die ganze Gemeinde.

Der Name „Königstafel“ kann auf zweierlei Art gedeutet werden:

1) Erinnerung an das Gleichnis Jesu von der Königlichen Hochzeit (Matthäus 22).
2) Während dieses Essens sollen sich alle Eingeladenen wie Könige fühlen. Sie werden bedient, bekommen das Essen serviert und können die Zeit sorgenfrei genießen.

VERLAUFSPLAN

Beginn	**Inhalt**	**Medien**
Beginn	Andacht	AB 1
Einstieg	– 7 Werke der Barmherzigkeit – Was ist Diakonie (heute)	
Vertiefung	Gespräch mit Diakoniemitarbeiter*in	
Vorbereitung Durchführung	Ablaufbesprechung und Aufgabeneinteilung Team 1: Küche Team 2: Vorbereitung Raum	
	Gäste kommen: Bedienen und Servieren	
	Gäste verabschieden	
Aufräumen	Alles aufräumen	
Reflexion	Nachbesprechung	

ANDACHT ZU BEGINN

Lieder:
- Weihnachtslieder, die auch mit den Gästen der Königstafel gemeinsam vor oder nach dem Essen gesungen werden können. Stille Nacht, heilige Nacht; Herbei, o ihr Gläubigen; O du fröhliche ...

Bibeltext:
- Matthäus 25,31–46
- Lukas 10,25–37 Barmherziger Samariter

Bereits am letzten Konfitag wurden Einladungskarten zu der „Königstafel" von den Jugendlichen geschrieben. Einladungen werden nach Kenntnis der Kirchengemeinde, der Jugendlichen und nach Hinweisen der Diakonie vor Ort von den Konfis verteilt. Es wird mit den Jugendlichen gemeinsam überlegt, wen man einladen kann und bei wem man auch vorsichtig sein muss, dass man mit der Einladung niemanden verletzt.

EINSTIEG

Nach der kurzen Andacht zu Beginn, in der der Matthäustext 25,31–46 gelesen wird, gehen die Konfis nun mit dem Arbeitsblatt 1 in Kleingruppen. Sie erschließen sich zunächst selbst den Zugang zum Thema „Diakonie", indem sie, ausgehend von den 7 Werken der Barmherzigkeit aus Mt 25, überlegen, wo aktuell Hilfestellung in der Gesellschaft benötigt wird. Teamer*innen begleiten die Kleingruppen.

Die Gruppenergebnisse werden in der Großgruppe gesammelt und Fragen geklärt.

Die „Diakonie" als evangelische Hilfsorganisation wird besonders erklärt. Vom „Kronkreuz" (dem Zeichen der Diakonie) aus, wird überblickartig erklärt, wie und v. a. aus welcher Not heraus sie damals entstand.

VERTIEFUNG

Nun ist es gut, einen Diakon, eine Diakonin oder jemand aus einer diakonischen Arbeitsstätte in diesen Teil des Konfitages mit einzubeziehen. Er/Sie kann von der Arbeit berichten, vom persönlichen theologischen Menschenbild und was das eigene sozial-diakonische Handeln von anderen Sozialverbänden (z. B. Arbeiterwohlfahrt) unterscheidet.

Der Fokus dieses Konfitages liegt auf der praktischen Aufgabe der Konfis. Die theoretische Einführung in die Aufgaben der Diakonie sollte deshalb nicht zu viel Zeit fordern. Die Einführung ist dennoch wichtig, um diakonisches Handeln (welches die Konfis im Folgenden ja selbst leisten) im Gegenüber zu rein sozialem Handeln zu verorten. Es wird dezidiert aus einem christlichen Hintergrund heraus gearbeitet.

Vorbereitung

Bevor die Gäste an diesem Abend kommen, ist es Aufgabe der Konfis, alles vorzubereiten.

Auf dem Menüplan stehen bei uns Enten, Knödel und Rotkohl sowie Eis als Nachtisch.

Die Konfis unterstützen die Eltern in der Küche und gestalten den Gemeinderaum oder den Kirchraum für das Essen festlich.

Mit den Jugendlichen werden der weitere Ablauf und ihre Aufgaben besprochen und geprobt. Sobald die Gäste ankommen, sind die Jugendlichen „Diener“ und Servicekräfte. D. h. sie helfen den Gästen aus ihren Jacken und geleiten sie zu ihren Plätzen. Viele der Gäste, die von der Diakonie gebracht werden, sind gehbehindert oder alt. Sie können nicht mehr alleine ihre Jacke ausziehen und können nur schlecht laufen. Es ist also eine wirklich praktische Aufgabe für die Konfis.

Wenn alle Gäste anwesend sind, servieren die Konfis den Gästen das Essen und gießen ihnen auf Wunsch Getränke nach.

Ein kleines Unterhaltungsprogramm ist auch von den Jugendlichen vorbereitet. Es bieten sich gemeinsam gesungene Weihnachtslieder oder eine kleine vorgetragene lustige Weihnachtsgeschichte an (Beispiele siehe Punkt 3 die Geschichte: Der Adpfent).

Die Jugendlichen essen selbst auch mit und setzen sich zu ihren Gästen. Sie kommen – wo es möglich ist – mit ihnen ins Gespräch.

Nach dem Essen und nachdem die Gäste gegangen / durch die Diakonie abgeholt wurden, ist es die Aufgabe der Jugendlichen, alles wieder aufzuräumen und sauber zu machen.

Wir planen die Essensmenge großzügig, so dass wir am Abend weitere Essen bei Menschen zu Hause vorbeibringen können, von denen wir denken, sie freuen sich darüber.

Dieser Konfitag endet mit einem Rückblick auf den Tag.

Hier ist Zeit und Raum für Rückmeldung und Fragen. Das Dienen, Servieren und auch der Umgang mit kranken und alten Menschen ist für die Jugendlichen nicht selbstverständlich, und so ist es wichtig, hier noch einmal mit ihnen ins Gespräch zu kommen. Was haben sie erlebt, wie ging es ihnen damit, wo hatten sie Schwierigkeiten? Kann man im nächsten Jahr bei der Königstafel etwas verbessern oder anders machen?

FÜR ZEITSPARER ARBEITSBLATT 1:

DIE 7 WERKE DER BARMHERZIGKEIT

Die 7 Werke der Barmherzigkeit sind nach der Bibelstelle Matthäus 25 folgende:

1. Hungrige speisen
2. Durstige tränken
3. Fremde beherbergen
4. Nackte kleiden
5. Kranke pflegen
6. Gefangene besuchen
7. (Tote bestatten) – wurde später hinzugefügt

Überlege für die heutige Zeit:

1) Wo/wann brauchen Menschen heute Hilfe?

2) Wo bekommen diese Menschen heute Hilfe?
Wer hilft ihnen?

3) Was, denkst du, ist heute in Deutschland das wichtigste soziale Problem?

4) Was, denkst du, sind aktuell in unserem Ort die wichtigsten sozialen Probleme?

DER ADPFENT[11]

Aus einem Schüleraufsatz:

Der Adpfent ist die schönste Zeit im Winter. Die meist'n Leut haben im Winter eine Grippe. Die ist mit Fieber. Wir haben auch eine, aber die ist mit Beleuchtung und man schreibt sie mit K.

Drei Wochen bevor das Christkindl kommt, stellt Papa die Krippe im Wohnzimmer auf und meine kleine Schwester und ich dürfen mithelfen.

Viel Krippen sind langweilig, aber die unsere nicht, weil wir haben mords tolle Figuren darin.

Ich habe einmal den Josef und das Christkindl auf den Ofen gestellt, damit sie es schön warm haben und es war ihnen zu heiß. Das Christkindl ist schwarz geworden und den Josef hat es in lauter Trümmer zerrissen. Ein Fuß von ihm ist bis in den Plätzlteig geflogen und es war kein schöner Anblick. Meine Mama hat mich geschimpft und gesagt, dass nicht einmal die Heiligen vor meiner Blödheit sicher sind.

11 Ohne Autorenangabe im Internet zu finden u. a.: http://www.deanita.de/weihnachten/advent3.htm, gelesen: 24.06.2018.

Wenn Maria ohne Mann und ohne Kind herumsteht, schaut es nicht gut aus. Aber ich habe gottseidank viele Figuren in meiner Spielkiste und der Josef ist jetzt Donald Duck.

Als Christkind wollte ich den Asterix nehmen, weil der ist als einziger so klein, dass er in den Futtertrog gepasst hätte. Da hat meine Mama gesagt, man kann doch als Christkindl keinen Asterix hernehmen, da ist ja das verbrannte Christkindl noch besser. Es ist zwar schwarz, aber immerhin ein Christkindl.

Hinter dem Christkindl stehen zwei Ox'n, ein Esel, ein Nilpferd und ein Brontosaurier. Das Nilpferd und den Saurier habe ich hineingestellt, weil der Ox und der Esel waren mir allein zu langweilig.

Links neben dem Stall kommen gerade die heiligen drei Könige daher. Ein König ist dem Papa im letzten Adpfent beim Putzen heruntergefallen und er war dodal hin. Jetzt haben wir nur mehr zwei heilige Könige und einen heiligen Batman als Ersatz.

Normal haben die heiligen Könige einen Haufen Zeug für das Christkindl dabei, nämlich Gold, Weihrauch und Pürree oder so ähnlich. Von den unseren hat einer anstatt Gold ein Kaugummipapierl dabei, das glänzt auch schön. Der andere hat eine Marlboro in der Hand, weil wir keinen Weihrauch haben. Aber die Marlboro raucht auch schön, wenn man sie anzündet.

Der heilige Batmann hat eine Pistole dabei. Das ist zwar kein Geschenk für das Christkindl, aber damit kann er es vor dem Saurier beschützen.

Hinter den drei Heiligen sind ein paar rothäutige Indianer und ein kaasiger Engel. Dem Engel ist ein Fuß abgebrochen, darum haben wir ihn auf ein Motorrad gesetzt, damit er sich leichter tut. Mit dem Motorrad kann er fahren, wenn er nicht gerade fliegt.

Rechts neben den Stall haben wir ein Rotkäppchen hingestellt. Sie hat eine Pizza und drei Weißbier für die Oma dabei. Einen Wolf haben wir nicht, darum lurt hinter dem Baum ein Bummerl als Ersatz-Wolf hervor.

Mehr steht in unserer Krippe nicht, aber das reicht voll. Am Abend schalten wir die Lampe an und dann ist unsere Krippe erst so richtig schön. Wir sitzen so herum und singen Lieder vom Adpfent. Manche gefallen mir, aber die meisten sind mir zu lusert. Mein Opa hat mir ein Gedicht vom Ad-

pfent gelernt und es geht so: „Adpfent, Adpfent, der Bärwurz brennt. Erst trinkst oan, dann zwoa, drei, vier, dann hautsde mit deim Hirn an'd Tür!"

Obwohl dieses Gedicht recht schön ist, hat Muata g'sagt, dass ich es mir nicht merken darf.

Bis man schaut, ist der Adpfent vorbei und Weihnachten auch und mit dem Jahr geht es dahin. Die Geschenke sind ausgepackt und man kriegt vor Ostern nichts mehr, höchstens wenn man vorher Geburtstag hat.

Aber eins ist g'wiss: Der Adpfent kommt immer wieder.

WEITER GEDACHT

Zum Gelingen dieses Tages tragen nicht nur die Konfis bei, sondern maßgeblich auch ihre Eltern. Sie bereiten vorher das Essen zu und helfen mit beim Kochen im Gemeindehaus. Aus der Gemeinde kommt finanzielle Unterstützung. Bietet es sich nicht an, solch eine „Königstafel" in der eigenen Gemeinde zu veranstalten, gibt es andere diakonische Projekte, die eine Konfigruppe in der Advents- und Weihnachtszeit durchführen kann. Ideen sind hier:

- Weihnachtsliedersingen und Spielenachmittag im Altersheim, Krankenhaus, Behinderteneinrichtung.
- Die Jugendlichen und Eltern können auch an Adventssonntagen in der Gemeinde von Tür zu Tür gehen und Weihnachtslieder singen.
- Essenspakte (geschmierte Brote, Obst, Kaffee ...) vorbereiten, in die nächst größere Stadt fahren und die Essenspakete dort an Obdachlose verteilen.
- Weihnachtskekse backen und in kleinen Tüten in der Gemeinde von den Jugendlichen verteilen lassen.
- „Weihnachten im Schuhkarton"-Packstation in der Gemeinde anbieten, und die Konfis die Aktion bekannt machen lassen.
- Einen Adventsbasar in der Gemeinde anbieten. Der Erlös dieses Basars kommt einem diakonischen Hilfsprojekt zugute, welches die Konfis aussuchen. Die Konfis helfen beim organisieren des Basars.

#5

GLAUBENS-BEKENNTNIS

WAS GLAUBE ICH?

AUF EINEN BLICK

Glaubensbekenntnisse fassen die wichtigsten Glaubensaussagen zusammen. Sie sind Lehrzeugnisse sowohl zur Orientierung innerhalb einer Glaubensgemeinschaft als auch zur Abgrenzung gegenüber anderen Denominationen. Auf der Grundlage biblischen Zeugnisses geben christliche Bekenntnisse Auskunft über Grund und Identität der Kirche.

Es gibt biblische Glaubenszeugnisse[12] und eine ganze Reihe nachbiblischer Bekenntnisse und Bekenntnisschriften.[13]

In den christlichen Ostkirchen ist das Nicäno-Konstantinopolitanum (seit dem Jahr 451) das gängige Bekenntnis. In den evangelischen Kirchen wird i. d. R. im Gottesdienst das Apostolische Glaubensbekenntnis gesprochen (entstanden im 5. Jh.). Einer Legende nach haben die Apostel dieses Bekenntnis selbst formuliert, und so entstand der Name „Apostolisch". Das entspricht zwar nicht den

---

12 Z. B. Philipper 2,5–9 der sog. Philipperhymnus, eines der ältesten christlichen Bekenntnisse.

13 Die Bekanntesten sind das Apostolische Glaubensbekenntnis, die Confessio Augustana, der Kleine und Große Katechismus Martin Luthers, der Heidelberger Katechismus und die Barmer Theologische Erklärung.

Tatsachen, der Name ist dennoch geblieben. Man kann den Begriff „apostolisch" anders deuten: Das Apostolische Glaubensbekenntnis bekennt den christlichen Glauben in Übereinstimmung mit dem, was die Christen seit der Zeit der Apostel geglaubt haben.

Inhaltlich besteht das Apostolische Glaubensbekenntnis aus drei Artikeln, die die Dreieinigkeit (Trinität) Gottes verdeutlichen:

Der erste Artikel handelt von Gott, dem Vater und Schöpfer. Der zweite Artikel spricht von seinem Sohn Jesus Christus, seinem Erdenleben, seinem Tod und der Auferstehung. Der dritte Artikel handelt vom Heiligen Geist, der besonders in der Gemeinschaft der Kirche wirkt.

Besteht die Notwendigkeit, Bekenntnisse neu zu formulieren? Mit den vorhandenen christlichen Bekenntnisschriften ist das Wesen des christlichen Glaubens inhaltlich erschöpfend dargestellt. Es gibt gesellschaftliche Situationen, in denen es notwendig erscheint, das christliche Bekenntnis zu aktualisieren. So war es z. B. für Karl Barth und andere Theologen der Bekennenden Kirche 1934 wichtig, die „Barmer Theologische Erklärung" zu formulieren, auf die heute noch Pfarrer ordiniert werden.

EXKURS ZUM KUGELKREUZ

Das Kugelkreuz bekommt an diesem Konfitag eine wichtige Rolle als öffentliches Bekenntniszeichen. Es wurde zunächst in der Zeit des Nationalsozialismus während des sogenannten Kirchenkampfes zwischen den „Deutschen Christen" und der „Bekennenden Kirche" zum Ausdruck des Widerstandes. Es symbolisierte, was in der Barmer Erklärung der „Bekennenden Kirche" von 1934 (besonders These 2) formuliert wurde. Hier wird der politische Anspruch auf die Christen abgelehnt, und zugleich bekräftigt, dass die Christen nur Jesus Christus in allen Bereichen des Lebens als ihren „Herren" anerkennen. Die Evangelische Jugend wählte damals dieses Zeichen, um öffentlich diesen Glauben zu bezeugen. Das Tragen dieses Symbols war der Ausdruck einer entschiedenen Haltung gegen Versuche der Nationalsozialisten, eine gleichgeschaltete evangelische Reichskirche zu schaffen.

Nach der Zerschlagung des Faschismus in Deutschland und dem Ende des Zweiten Weltkriegs übernahm die „Ordnung der Evangelischen Jugend in Deutschland" im Mai 1946 das Kugelkreuz als Zeichen der Evangelischen Jugend. 1953 wurden in der DDR alle, die das Kugelkreuz als Bekenntniszeichen trugen, von der Regierung als Staatsfeinde angesehen. Als Mitglieder der „Jungen Gemeinde" wurden sie automatisch der Kriegshetze, Sabotage und Spionage im US-Auftrag verdächtigt. Mitglieder der Jungen Gemeinde, die dieses Zeichen öffentlich sichtbar an ihrer Jacke trugen, wurden diskriminiert, unter Druck gesetzt, von Schulen- und Universitäten verwiesen und teilweise auch verhaftet.

VERLAUFSPLAN

Phase	Inhalt	Medien
Erarbeitung 1	Textarbeit am Apostolischen Glaubensbekenntnis	Apostol. Glaubensbekenntnis, Kerzen, Steine
Erweiterung 1	Kleingruppenarbeit, künstlerisches Umsetzen der Sätze aus dem Glaubensbekenntnis	Papier, Stifte
Mittagspause		
Erarbeitung 2	Unterschiedliche Symbole erkennen und ihre Bedeutung wahrnehmen	
Vertiefung	Das Kugelkreuz und Barmer Theologische Erklärung	AB
Kreativteil	Das Kugelkreuz als (Button) herstellen	
Abschlussandacht	Glaubensbekenntnis	Text, Kerzen

PASSENDE LIEDER ZUM THEMA

- Ich glaube fest, dass alles anders wird (EG 661)
- Wir glauben Gott im höchsten Thron (EG 184)
- Ich glaube an den Vater (FJ 3)
- Lord I lift your name on high (FJ 1)

Bibeltext:

- Philipper 2,5–11 (Philipperhymnus)

ERARBEITUNG 1

Nach einer kurzen Anfangsandacht liegt der Fokus auf dem Arbeiten mit dem Apostolischen Glaubensbekenntnis. Um sich den Text anzueignen und Verständnisfragen zu klären, bietet sich die Methode[14] an, den Text des Apostolischen Glaubensbekenntnisses auf große Pappe zu schreiben und sichtbar in die Mitte des Raumes zu legen. Der Text wird zunächst gemeinsam gesprochen. Danach legen die Konfis Steine auf all die Textstellen, die ihnen als schwer verständlich erscheinen, an die sie kritische Fragen haben oder die sie gar nicht verstehen.

Ein Teelicht wird von jedem Jugendlichen auf die Stelle gelegt, die er/sie besonders schön findet, oder die ihm/ihr besonders wichtig ist. Wenn die Konfigruppe zu groß ist, wird sie in 2–3 kleinere Gruppen geteilt, und anschließend werden die Ergebnisse verglichen.

Es folgt ein Gespräch darüber, wo und warum Steine und Lichter hingelegt wurden. Leitfragen können hier sein:

- Warum fällt mir diese Stelle so schwer?
- Gibt es Alternativen in der Wortwahl, die mir diese Stelle erleichtern würden, so dass ich sie besser verstehen kann?
- Warum ist mir diese Stelle so wichtig?

---

14 Die Methode ist in unterschiedlichen Konfibüchern bereits vorgestellt. Vgl. z. B. „Konfis auf Gottsuche“ ab S. 161 oder KUGrundkurs (Handbuch für Unterrichtende), S. 50.

Dieser Erarbeitungsteil sollte nicht zu kurz gefasst werden. Hier bietet sich die Chance, mit den Konfis an ihren Fragen, Zweifeln und somit an ihrem Glauben zu arbeiten. Positiv verstärkt werden durch diese Methode auch die „Lichter", die Verheißung, die guten Versprechen im Glaubensbekenntnis. Fragen, die hier entstehen könnten: Wie ist das mit der Allmacht Gottes, was bedeutet das, kann ich das glauben? Auferstehung der Toten – wie geht das ganz konkret vor sich, was ist dann mit Urnenbestattung? Wie ist das mit der Jungfrauengeburt? Diese Gespräche bereiten die Jugendlichen darauf vor, bei ihrer eigenen Konfirmation JA zu diesen Glaubensaussagen zu sagen.

Nachdem inhaltliche Verständnisfragen beantwortet wurden, können die Jugendlichen ihrer eigenen Kreativität und auch ihren eigenen Glaubensvorstellungen Ausdruck geben.

Sie bekommen in Zweiergruppen jeweils einen Satz, eine Aussage des Glaubensbekenntnisses und die Aufgabe, diesen Satz kreativ darzustellen. Möglich wären hier Bilder, Fotos, szenisches Spielen usw.

Auf diese Weise durchdenken die Konfis die Aussagen des Glaubensbekenntnisses, die sie vielleicht im ersten Schritt inhaltlich verstanden haben, nun auch noch einmal sehr persönlich. Sie überlegen sich, wie diese Glaubensaussage am besten umzusetzen ist, damit sie verstanden wird. Sie lernen so, den Aussagen des christlichen Glaubens eigenständig Ausdruck zu verleihen.

Die einzelnen Bilder und Anspiele werden abschließend in der Reihenfolge des Apostolikums vorgeführt und gemeinsam betrachtet.

ERARBEITUNG 2

Die Leitfrage für den zweiten Teil des Tages ist: Wann und warum ist es nötig, neue, aktualisierte Bekenntnisse zu formulieren?

Anhand des Kugelkreuzes wird ein kurzer Einblick in die kirchengeschichtlichen Zusammenhänge dieses Symbols verdeutlicht.

Das Kugelkreuz bietet sich an, weil es die nähere deutsche Kirchengeschichte repräsentiert (Barmen und Junge Gemeinde).

Der Einstieg geschieht über unterschiedliche Glaubenssymbole (s. u. Punkt 3). Die Jugendlichen werden aufgefordert, diese einer Religion zuzuordnen und, wenn sie können, ihre Bedeutung zu erklären.

Die Symbole sind: Fisch, Kreuz, Kugelkreuz und Christusmonogramm als christliche Zeichen, der Davidstern als jüdisches Zeichen und der Halbmond mit Stern als muslimisches Zeichen.

Das arabische „nun" wird auch betrachtet und als aktuelles „Bekenntnis" mit den Konfis besprochen.

Um ihnen die Brisanz und auch die Bedeutung von Bekenntnissen in bestimmte politische und gesellschaftliche Situationen hinein zu verdeutlichen, ist an dieser Stelle eine kurze Einführung in die Zeit des Kirchenkampfes des Zweiten Weltkrieges und die Entstehung der Barmer Theologischen Erklärung wichtig.

VERTIEFUNG

Die wenigsten Jugendlichen werden wissen, dass es im „Dritten Reich" die „Deutschen Christen" und die „Bekennende Kirche" gab. Es müssen hier nicht alle geschichtlichen und theologischen Feinheiten erörtert werden. Es reicht, die Tatsache zu benennen, dass die Kirche sich damals uneins war, dass es Gegenbewegungen zur staatlich verordneten Richtung gab und dass die „Bekennende Kirche" es für nötig hielt, eine Eklärung ihrer Grundsätze in diese geschichtliche Zeit hinein zu verfassen, eben die „Barmer Theologische Erklärung". Der Artikel 2 wird mit den Konfis gemeinsam gelesen und betrachtet (was fällt auf – Bibelwort – Abgrenzung – in die Situation hinein). Daraufhin wird die Verbindung zum Kugelkreuz als Zeichen der Evangelischen Jugend erläutert, die sich auf diese zweite These bezieht.

Die Geschichte des Kugelkreuzes geht weiter durch die Zeiten der DDR. Das Tragen des Kugelkreuzes war ein Bekenntnisakt, der weitreichende Folgen haben konnte.

Die Konfis erfahren in dieser Vertiefung, dass „Bekennen" nicht immer einfach ist, sondern auch Folgen für das eigene Leben nach sich ziehen kann.

Barmer Theologische Erklärung, These 2:

Durch Gott seid ihr in Christus Jesus, der uns von Gott gemacht ist zur Weisheit und zur Gerechtigkeit und zur Heiligung und zur Erlösung. (1.Kor 1,30)

Wie Jesus Christus Gottes Zuspruch der Vergebung aller unserer Sünden ist, so und mit gleichem Ernst ist er auch Gottes kräftiger Anspruch auf unser ganzes Leben; durch ihn widerfährt uns frohe Befreiung aus den gottlosen Bindungen dieser Welt zu freiem, dankbarem Dienst an seinen Geschöpfen.

Wir verwerfen die falsche Lehre, als gebe es Bereiche unseres Lebens, in denen wir nicht Jesus Christus, sondern anderen Herren zu eigen wären, Bereiche, in denen wir nicht der Rechtfertigung und Heiligung durch ihn bedürften.

Nachdem mit den Jugendlichen alle Symbole betrachtet, gedeutet und besonders das Kugelkreuz und die Barmer Theologische Erklärung bearbeitet wurden, finden sich die Konfis in kleinen Gruppen zusammen. Gearbeitet wird mit dem Arbeitsblatt 1.

KREATIVTEIL / BUTTONS HERSTELLEN

An diesem Tag wird viel über christliches Bekennen nachgedacht. Mit der Konfirmation bekennen sich die Jugendlichen zum christlichen Glauben.

Sie haben in dieser Einheit gehört, dass Bekennen persönliche Konsequenzen haben kann. In bestimmten Situationen ist es darüber hinaus nötig, Bekenntnisse zu aktualisieren. Durch das Symbol des Kugelkreuzes soll ihnen das auch im Alltag bewusst bleiben.

Um ihnen ein Kugelkreuz mit in ihren Alltag zu geben, wurde die Form eines Ansteckers/Buttons gewählt. Dieser ist nicht groß, kann leicht an Rucksäcke oder Jacken befestigt werden und fordert zum Gespräch darüber auf. Somit werden Konfis auskunftsfähig über ihren Glauben. In dem Gottesdienst am nächsten Tag sollen sie diese Erklärung auch der Gemeinde geben können. Es kann ein spezieller Gottesdienst zum Glaubensbekenntnis geplant werden, an dem die Jugendlichen mitwirken.

Durch die Buttons werden die Jugendlichen und die Gemeinde zu Zeugen und Verkündern des christlichen Glaubens.

Im Internet (oder Baumarkt) kann man komplette Button-Sets kaufen. Diese sind weiß und müssen nur noch bemalt werden.

Die Konfis sollen nun Kugelkreuze auf diese Buttons malen – für sich selbst und für die Gottesdienstbesucher am nächsten Tag, an welche diese verteilt werden sollen.

ANDACHT

Zum Abschluss des Samstags wird eine gemeinsame Andacht gefeiert. Die Zettel mit dem Glaubensbekenntnis werden noch einmal auf den Boden gelegt. Die Konfis stehen darum und bekommen erneut ein Teelicht (diesmal keinen Stein).

Sie sollen es wieder auf eine Stelle legen, die ihnen wichtig geworden ist. Interessant ist nun, ob es möglicherweise andere Stellen als zuvor geworden sind.

Das Licht wird, soweit es geht, ausgeschaltet, so dass nur der Text des Glaubensbekenntnisses mit den Kerzen sichtbar ist. Das Glaubensbekenntnis wird gemeinsam gesprochen und gesungen. Es ist ein schönes atmosphärisches Erlebnis, welches den Jugendlichen hoffentlich lange im Gedächtnis bleiben wird.

FÜR ZEITSPARER

Der Davidstern (benannt nach König David) ist das Symbol des Volkes Israel und des Judentums. Zwei blaue Dreiecke liegen ineinander. Eines zeigt nach oben, eines zeigt nach unten. Das von oben nach unten kommende zeigt an, dass Gott den Menschen das Leben gegeben hat, und das von unten nach oben zeigende symbolisiert die Rückkehr des Menschen zu Gott.
Die 12 Ecken stehen für die 12 Stämme Israels, die 6 Ecken für die 6 Schöpfungstage. Der Platz in der Mitte ist der 7. Tag, der Ruhetag.

Hilal (Halbmond) und fünfzackiger Stern sind ein bedeutendes muslimisches Zeichen. Das Islamische Jahr richtet sich in vielen seiner Feste nach dem Mondkalender, z. B. der Fastenmonat Ramadan, der erst mit dem Erscheinen der Mondsichel beginnt.

Das Christusmonogramm war ein Bekenntniszeichen der ersten christlichen Gemeinden. Die beiden griechischen Buchstaben X (Chi) und P (Rho) stehen für den Namen Christos (Christus). Es ist u. a. als häufige Grabinschrift in den Katakomben von Rom (2. und 3. Jh.) zu finden.

DAS KUGELKREUZ
Erklärung s. o.

Die griechischen Anfangsbuchstaben des Wortes Fisch „Ichtus“ ergeben das kurze Glaubensbekenntnis: Jesus Christus Gottes Sohn Retter. In der Zeit der Christenverfolgungen (in den ersten drei Jahrhunderten nach Christus) galt er als Erkennungs- und Geheimzeichen der Christen untereinander.

ن nūn نون ist der 25. Buchstabe des arabischen Alphabets. Die Terrormiliz Islamischer Staat kennzeichnete 2014 in Mossul mit diesem Buchstaben Häuser von Christen (die sie als نصراني **naṣrānī**, „Nazarener" bezeichnet). Er wurde daher zum Symbol für die Christenverfolgung, aber auch für Solidaritätsbekundungen von Nutzern sozialer Netzwerke im Internet mit den verfolgten Christen.

✝ Das Kreuz ist das Symbol und Erkennungszeichen der Christen weltweit. Das Kreuz verweist theologisch auf die Erlösung der Menschheit von Leid und Tod durch Jesu Kreuzigung und Auferstehung.
Dazu kommt eine weitere Deutung: Die Verbindung von Horizontale und Vertikale kennzeichnet die Beziehung zwischen Menschen zu Gott (auf der senkrechten Achse) und untereinander (auf der waagerechten Achse).

ARBEITSBLATT

Eine kirchliche Jugendgruppe möchte sich ein Erkennungszeichen nach außen geben. Sie überlegen, Pullover oder T-Shirts mit dem Kugelkreuz zu bedrucken. Diskutiert folgende Fragen:

1) Habt ihr schon einmal Menschen in eurer Umgebung mit T-Shirts gesehen, auf denen die Zugehörigkeit zu bestimmten Gruppen bekannt wird (Sportvereine, Schulen ...)?

2) Welche Konsequenzen könnte das Tragen eines Pullovers/ T-Shirts mit dem Kugelkreuz haben („Machen sich andere dann über mich lustig und wollen nichts mehr mit mir zu tun haben? Werde ich ausgegrenzt?")?

3) Würdet ihr so einen Pullover oder solch ein T-Shirt tragen, immer oder nur zu bestimmten Gelegenheiten?

4) Welche anderen Symbole kämen für solch ein T-Shirt noch in Frage?

WEITER GEDACHT

Durch den Gottesdienst am Tag nach dem Konfitag mit dem Thema „Glaubensbekenntnis“ wird eine enge Beziehung in die Gottesdienstgemeinde hinein geknüpft. Durch die Buttons wird sogar ein Erinnerungsstück an die Gemeinde verteilt.

Die Arbeit mit und an unterschiedlichen Glaubenssymbolen und die Arbeit am Apostolischen Glaubensbekenntnis sind für alle Altersgruppen (ab 6. Klasse) in Schule und Gemeindekreisen interessant und wichtig, da sie sich mit dem Inhalt des eigenen christlichen Glaubens auseinandersetzen.

#6

GEBET

HILFT BETEN WIRKLICH?

AUF EINEN BLICK

Das Gebet gehört zu den wichtigsten Ausdrucksformen christlichen Glaubens. Was ist das Gebet? Wirkt es? Betet heutzutage überhaupt noch irgendjemand, außer dem Pfarrer, ist es nicht längst überholt?

Wenn mit Jugendlichen über das Gebet gesprochen wird und die Frage aufkommt, ob und wann sie beten, so wird deutlich: Ja, sie beten. Sie beten vor Klausuren, sie beten bei Todesfällen, sie beten teilweise vor dem Essen oder wenn ihnen etwas auf dem Herzen liegt. Sie kennen die Form des Gebets und nutzen es.

Der Glaube an Gott ist in der ganzen Bibel ohne das Gebet (die persönliche Beziehung zu Gott) nicht vorstellbar.

Das Gebet ist eine personenhafte, dialogische Zuwendung des einzelnen Menschen zu Gott.

Im Alten Testament ist das große Gebetbuch, der Psalter, zu finden.

Jesus selbst hat immer wieder gebetet. Er lehrte seinen Jüngern das Beten, er lehrte uns das „Vater Unser“ (Mt 6,9–13), das bekannteste Gebet der Christenheit, das von Christen aller Konfessionen gebetet wird.

Jesus spricht: „Bittet, so wird euch gegeben“ (Mt 7,7).

Hier wird eine Problematik offenbar, die viele Menschen mit dem Gebet haben. Wirkt das Gebet?

Oft wird für etwas Bestimmtes gebetet, und dann geschieht doch etwas anderes.

Beten ist immer auch ein Vertrauen darauf, dass Gott den Beter hört und sich seines Gebetes annimmt. Wie Gott ein Gebet aufnimmt, liegt nicht in unserem Machtbereich und Wissen. Der Beter überlässt sich im Gebet Gottes Willen („Dein Wille geschehe“ Mt 6,10).

Die Form des Gebets ist vielfältig, es kann einzeln oder in Gemeinschaft vollzogen werden. Man kann für sich selbst beten oder für andere. Das Gebet kann Dank ausdrücken, ebenso Klage, Lob und Bitte. Das ganze Leben wird vor Gott ausgebreitet und in der Gemeinschaft mit ihm, durch das Gebet, gelebt.

Christlicher Gottesdienst ist in erster Linie Gebetsgottesdienst. Im Eingangsteil des Gottesdienstes wird Gott gelobt, und es wird zu ihm um Erbarmen gebetet (Kyrie und Gloria, Tagesgebet, Psalm). Predigt und Abendmahl gehen Gebete voraus, und am Ende des Gottesdienstes stehen die Fürbitten, die uns über die eigene Gemeinde hinaus mit allen Christen in der Welt durch das Gebet verbinden.

VERLAUFSPLAN

Phase	**Inhalt**	**Medien**
Beginn	Andacht	
Erarbeitung	– Ankommen und Einleitung – Stationenarbeit, je Station ca. ½ Stunde	
Station 1	Gebetsarmbänder gestalten	Perlen Faden
Station 2	Unterschiedliche Gebetsformen (Lob / Dank / Klage / Bitte in Psalmen)	Psalmen Plakate
Station 3	Vater Unser in Bewegung	Text VU
Station 4	Gebet ist für mich …	

Ergebnisse sichern	Fürbitten schreiben für Gottesdienst aus Station 2	Plakate aus Station 2
Vertiefung	Wie geht Beten eigentlich?	Text: Die weißen Vögel
Kreative Wiederholung	Das Vater Unser mit Kreide schreiben	Kreide
Abschluss	Andacht	

ANDACHT ZU BEGINN

Lieder:
- Vater Unser (SJ 56)
- O Lord, hear my Prayer (SJ 146)
- Wer bittet, dem wird gegeben (FJ 2)

Bibeltext:
- Matthäus 6,5–15

BEGINN UND ERARBEITUNG

Nach der Andacht und einer kurzen Ankommensrunde wird am Vormittag dieses Konfitages zunächst in kleineren Gruppen an unterschiedlichen Stationen gearbeitet. Da das Thema Gebet sehr persönlich werden kann, ist es gut, es in kleineren, geschützteren Gruppen zu erarbeiten. An jeder der vier Stationen ist ein/e Teamer*in bzw. eine Pfarrperson und erklärt die Aufgabenstellung.

STATION 1: GEBETSARMBÄNDER HERSTELLEN

An dieser Stelle wird mit dem Buch „Mit den Perlen des Glaubens leben[15]" gearbeitet. 18 Perlen[16] werden aneinandergereiht zu einem

---

15 Hg. von: Amt für Öffentlichkeitsdienst der Nordelbischen Ev.-Luth. Kirche, 2007.

16 Es gibt eine Gottesperle als Ausgangs- und Endpunkt. Des Weiteren gibt es sechs Perlen der Stille, eine Ichperle, eine Taufperle, eine Wüstenperle, eine Perle der Gelassenheit, zwei Perlen der Liebe, drei Geheimnisperlen, eine Perle der Nacht und eine Perle der Auferstehung.

Armband. Jede Perle hat eine Bedeutung in Bezug auf das Gebet. Das wird den Konfis erklärt (nach dem o. g. Buch), und anschließend gestalten sie selbst, für sich, solch ein Armband. So nehmen sie ein Ergebnis dieses Tages auch sichtbar und fühlbar mit nach Hause und werden an das Thema „Gebet“ erinnert.

STATION 2: UNTERSCHIEDLICHE GEBETSFORMEN KENNENLERNEN

Gemeinsam mit den Jugendlichen wird überlegt, welche unterschiedlichen Anlässe zum Gebet es geben kann.

Biblisch wird dieses unterstützt durch Beispielpsalmen. So lernen die Konfis gleichzeitig unterschiedliche Situationen des Gebetes kennen und lesen alte Gebete (Psalmen) aus der Bibel.

- Klagepsalm: Psalm 88
- Bittpsalm: Psalm 140
- Dankpsalm: Psalm 30
- Lobpsalm: Psalm 8

4 große Pappen liegen im Raum bereit, die nun umgedreht werden und auf denen folgende Worte stehen: Klage, Lob, Bitte und Dank. Die Konfis schreiben zu jedem dieser Situationen ein oder zwei Stichworte für ein Gebet, die ihnen persönlich einfallen. Z. B.: ich danke dir für den Hund zu meinem Geburtstag, oder: ich bitte dich, Gott, sei bei meinem Opa, der im Krankenhaus liegt.

STATION 3: VATER UNSER-BEWEGUNGEN

Diese Station dient vor allem dazu, sich mit dem Hauptgebet der Christen vertraut zu machen. Zu den einzelnen Abschnitten und Bitten des Gebetes sollen sich die Jugendlichen als Kleingruppe passende Bewegungen überlegen. Diese sollen sie später der Großgruppe präsentieren.

Zum einen spricht diese Methode die Kreativität und den Gestaltungsdrang der Konfis an, zum anderen ist durch die Verknüpfung von Text und Bewegung der Text leichter zu lernen.

STATION 4: BETEN IST FÜR MICH

An dieser Station werden die Konfis herausgefordert, ihr eigenes Verständnis des Gebetes auszudrücken. Zu zweit sollen sie sich dazu etwas überlegen und den Satz „Beten ist für mich ...“[17] weiter fortführen. Entweder malen oder schreiben sie etwas dazu, oder sie überlegen sich ein kleines Anspiel, oder sie erstellen eine kleine Installation mit Gegenständen, die im Gemeindehaus vorhanden sind.

ERGEBNISSE PRÄSENTIEREN UND SICHERN

Nachdem die Jugendlichen alle Stationen erleben konnten, kommen sie in der Großgruppe wieder zusammen.

Die Bewegungen zu dem Vater Unser werden präsentiert und verglichen: Was wurde ähnlich umgesetzt, was ganz anders? Die Ergebnisse aus der Station „Beten ist für mich ...“ werden ebenfalls vorgestellt.

Gibt es Verständnisfragen oder offene Fragen aus der Stationenarbeit?

An der 2. Station wurden Gebetsanliegen formuliert unter vier Hauptthemen (Lob – Dank – Klage – Bitte).

Was sind Fürbitten? Um den nächsten Arbeitsauftrag für alle Konfis nachvollziehbar zu machen, erfolgt hier eine kurze Erklärung der Funktion und der Stellung von Fürbitten im Gottesdienst durch ein*e Teamer*in/Pfarrer*in.

Anschließend ist es Aufgabe der Konfis, die Stichpunkte, die auf die Plakate geschrieben wurden, zu Fürbitten für den nächsten Gottesdienst zu formulieren. Teilweise sind die Gebete der Jugendlichen sehr persönlich formuliert. Dann ist es nun die Aufgabe, dieses Persönliche in eine allgemeingültige Form zu bringen. Aus „ich bitte dich für meinen Opa“ – wird dann „wir bitten dich, steh den älteren Menschen bei, die Schmerzen leiden ...“

Diese Fürbittgebete lesen die Konfis im nächsten Gottesdienst vor.

---

17 Vgl. Keßler/Nolte, „Konfis auf Gottsuche“, S. 128ff.

VERTIEFUNG

Mit den Konfis wird in dieser Phase der Frage nachgegangen, ob Gott alle Gebete erhört.

Ausgangspunkt ist der 18. Vers aus dem 66. Psalm „Wenn ich Unrechtes vorgehabt hätte in meinem Herzen, so würde der HERR nicht hören."[18]

Die Geschichte „Die weißen Vögel" (siehe Punkt 3) wird vorgelesen. Die Jugendlichen werden anschließend im Gespräch zu ihrer Meinung gefragt. Folgende Leitfragen können helfen:

- Erhört Gott in dieser Geschichte alle Gebete?
- Welche Gebet erhört Gott in dieser Geschichte und welche nicht?
- Wird in dieser Geschichte berichtet, wie Gott auf die Gebete reagiert?
- Was würdest du einem Freund raten, der für ein neues Handy beten will?
- Was würdest du einem Freund raten, dem es schlecht geht und der nicht mehr weiter weiß? Könnte ihm beten helfen?

Im Gespräch finden die Jugendlichen heraus, dass in der Geschichte ein ehrliches Gebet Gott erreicht. Die Gebete, auf die Gott in dieser Geschichte reagiert, bitten um Gottes Nähe, bitten um Vergebung und danken Gott. Über die Textebene der Geschichte hinaus wird weiter geblickt auf die Situation der Jugendlichen. Wann und in welcher Situation können sie beten und für was und wen?

Muss Gott tun, worum ich bete?

KREATIVE WIEDERHOLUNG UND FESTIGUNG

Als Abschluss dieses Tages wird das „Vater Unser" mit Malkreide von den Konfis vor die Kirche auf dem Bürgersteig geschrieben und gemalt.

So sehen alle, die vorbeigehen, das Vater Unser, und die Jugendlichen beschäftigen sich noch einmal mit dem Text.

---

18 Nach der Lutherübersetzung 2017.

In der Abschlussandacht werden die für den Gottesdienst formulierten Fürbitten gemeinsam gebetet.

FÜR ZEITSPARER

Bibeltext: Psalm 66,18

Die weißen Vögel[19]

Ein Mann hatte einmal einen merkwürdigen Traum: Ein Engel forderte ihn auf, ihm zu folgen. Sie kamen in eine Kirche, in der fünf Menschen knieten und beteten. Vor jedem saß ein weißer Vogel mit angelegten Flügeln.

„Beobachte diese Leute, während sie beten", sagte der Engel, „und achte darauf, was mit den weißen Vögeln geschieht."

Ganz vorne in der Kirche kniete eine elegant gekleidete Dame. Sie blickte beim Beten nach oben, und die Worte flossen ihr leicht von den Lippen. Ihr weißer Vogel war der größte und schönste und weißeste von allen, doch obwohl sie unablässig betete, rührte er sich nicht. „Streck deine Hand aus und berühre ihn!", forderte der Engel den Träumenden auf. Der berührte sanft die herrlichen weißen Federn, zog aber hastig seine Hand zurück. „Ich glaube, er ist tot", sagte er.

„Ja" bestätigte der Engel traurig, „er ist wirklich tot. Diese Frau geht seit ihrer Kindheit zur Kirche. Sie zieht ihre besten Kleider an und kennt die schönsten Gebete auswendig. Sie spricht wunderbare Worte, aber sie meint sie nicht wirklich, und sobald sie die Kirche verlassen hat, hat sie sie schon vergessen, sie merkt nicht einmal, was sie betet. Da, sieh doch! Sie blickt zu ihrer Nachbarin in der nächsten Bank hinüber und fragt sich, wie viel wohl deren Hut gekostet haben mag!"

Der Träumende wandte sich nun der zweiten knienden Gestalt zu. Dieser Mann betete offenbar richtig. Der herrliche Vogel vor ihm breitete seine Flügel aus und schwang sich in die Luft. Als der Träumende

19 Entnommen aus dem Buch: St. John, P., So groß ist Gott, S. 125 ff.

ihm mit den Augen folgte, merkte er, dass die Kirche kein Dach hatte. Und so stieg der Vogel direkt in den blauen Himmel auf.

Plötzlich aber veränderte sich das Gesicht des Beters. Die Andacht wich einem harten, bitteren Ausdruck. Der Mann presste die Lippen zusammen und knurrte leise vor sich hin. Da zuckte der herrliche Vogel mitten im Flug zusammen, als sei er von einem Pfeil getroffen worden, und lag im nächsten Augenblick tot auf dem Kirchenboden. Der Träumende wandte sich fragend an den Engel.

„Dieser Mann begann mit einem aufrichtigen Gebet", erklärte der Engel, „doch während er betete, fiel ihm jemand ein, der ihm Unrecht getan hatte. Da übermannte ihn der Zorn und alle Liebe wich aus seinem Herzen. Er ist nicht bereit, zu vergeben und zu vergessen. Da, sieh doch, er eilt mit Rachegedanken hinaus. So hat sein Gebet den Vater nicht erreicht."

Der Träumende wandte seine Aufmerksamkeit der dritten Person zu. Es war eine Frau, die mit gefalteten Händen und verweinten Augen in ihrer Bank kniete. Während sie betete, stieg der schöne weiße Vogel vor ihr auf und sank wieder herab. Dann nahm er all seine Kräfte zusammen und versuchte es noch einmal. Doch als er fast die Höhe der Kirchenmauern erreicht hatte, begann er zu fallen. Bevor er aber auf den Boden aufschlug, kämpfte er sich mit kräftigem Flügelschlag wieder empor, bis er schließlich den klaren, blauen Himmel erreichte, alle Federn spreizte und im Sonnenschein verschwand. Der Engel, der ihn gespannt beobachtet hatte, stieß einen erleichterten Seufzer aus. „Diese Frau hat viel Leid durchgemacht", sagte er. „Sie konnte nicht mehr glauben, dass Gott sie liebt und sich um sie kümmert. Sie ist lange nicht mehr hier gewesen. Heute aber ist sie noch einmal gekommen und hat versucht zu beten. Noch während sie betete, kamen ihre Zweifel zurück. Sie konnte nicht glauben. Fast wollte sie aufgeben. Doch sie erzählte dem Herrn von ihren Zweifeln, rief sich in Erinnerung, was Gott versprochen hat, und so wurde ihr Glaube gestärkt. Ihr Gebet hat den Vater erreicht, und er ist ihr ganz nah gekommen, um sie zu trösten. Da sieh! Sie lächelt!"

Die vierte kniende Person sah aus wie ein Landstreicher. Vor ihm hockte ein schwaches, unscheinbares Vögelchen, das bestimmt nicht einmal fliegen konnte. Sprach der Mann überhaupt? Nein, er saß einfach da und sah ganz verzweifelt aus. Doch plötzlich flatterte der Vogel mit seinen schmutzig grauen Flügeln, und im nächsten Augenblick flog er kraftvoll, fast senkrecht nach oben. Als er draußen im Sonnenschein ankam, glänzten seine Flügel auf einmal schneeweiß, und der Engel lachte vor Freude.

„Dieser Mann hat keine Ahnung, wie man betet", erklärte er. „Er hat noch nie in seinem Leben gebetet, und weiß nicht, wie er sich ausdrücken soll. Doch seine Sünde bedrückt ihn, und sein Gewissen klagt ihn an, weil er nie nach Gott gefragt hat. Seine Gedanken schreien um Gnade und Vergebung. Und so freuen sich jetzt, in diesem Augenblick, alle Engel Gottes im Himmel, weil wieder einmal ein Sünder den Weg nach Hause gefunden hat."

Schließlich kniete noch ein kleiner Junge in der Kirche. Vor ihm saß ein kleiner, makelloser Vogel. Der Junge faltete die Hände und sagte Gott alles, was ihm gerade wichtig war. Es täte ihm leid, dass er seine Schwester geschlagen hätte. Und Gott solle doch bitte seine Mutter gesund machen und ihm bitte bei den Rechenaufgaben helfen. Dann dankte er Gott für den Fußball, den er zum Geburtstag bekommen hatte, und der Vogel flog mit einem fröhlichen Lied nach oben. Im nächsten Augenblick sprang der Junge auf und rannte nach draußen, um mit dem Ball zu spielen. Und während der an dem Engel vorbeihüpfte, lachte er ihm ins Gesicht.

WEITER GEDACHT

Die einzelnen Stationen (1–4) sind alle gut geeignet für unterschiedliche Gemeindekreise und auch für den Schulunterricht. Gerade durch die Bewegungen, die zum Vater Unser gefunden werden sollen, ist es ein neuer Zugang für ältere Gemeindeglieder, die den Text des Gebets zwar auswendig können, aber ihn so noch einmal anders wahrnehmen.

Der besondere Bezug zur Gemeinde wird an diesem Tag über die Formulierung der Fürbitten hergestellt. Über die zunächst persönlich formulierten Gebete sollen die Jugendlichen die Anliegen der ganzen Gemeinde und weitergehend der ganzen Welt in den Blick nehmen.

So erweitern sie ihre Perspektive, sie übernehmen Verantwortung und erkennen, dass sie für andere beten können.

#7

KARFREITAG UND OSTERN

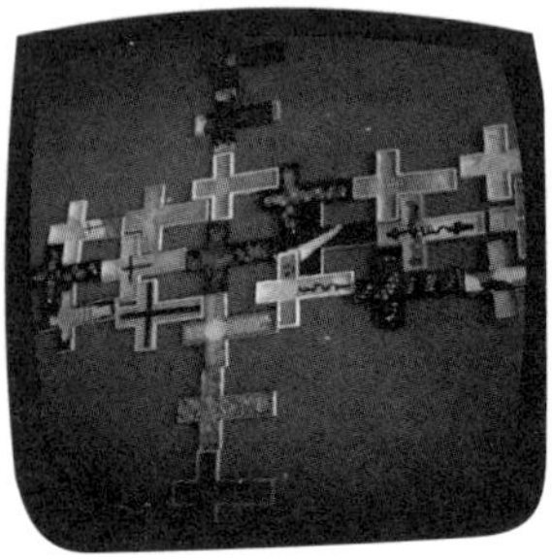

KREUZIGUNG UND AUFERSTEHUNG

(Gottesdienstvorbereitung)

AUF EINEN BLICK

Kreuzigung und Auferstehung sind theologisch die wichtigsten Ereignisse, die dem christlichen Glauben Gestalt geben.

Gerade hier ist es unerlässlich, die biblischen Texte mit den Konfis genau zu betrachten und ihnen darüber hinaus Gestaltungs- und Ausdrucksformen zu vermitteln, die ein Leben lang tragen und halten können. Durch die Gestaltung der Gottesdienste zu Karfreitag und Ostern wird das Besondere dieser Tage hervorgehoben.

Es hat sich als sehr passend herausgestellt, dass die Konfis die Andacht zur Sterbestunde Jesu, Karfreitag, um 15.00 Uhr und den Osterfrühgottesdienst zum Sonnenaufgang (meist 6.00 Uhr früh) mit anschließendem Osterfrühstück für die Gemeinde gestalten.

Während des Karfreitagsgottesdienstes lesen die Jugendlichen die Passionsgeschichte in verteilten Rollen, und zwischen den Szenen wird Musik gespielt (möglich sind hier Kirchenchor, Orgelmusik oder Gemeindelieder o. Ä.). Am Ende des Gottesdienstes wird der Altar von den Jugendlichen abgeräumt.

Die Stimmung im Karfreitagsgottesdienst ist sehr feierlich, ruhig und traurig.

Ostern früh im Gottesdienst tragen die Konfis Bibel, Blumen, Altarkerzen und Taufkerze wieder in die Kirche hinein.

Dieser Gottesdienst beginnt vor der Kirche im Dunkeln. Im Laufe des Gottesdienstes wird es hell. Zum einen durch das Licht der Osterkerze, welches weitergegeben wird, zum anderen von außerhalb, indem die Sonne aufgeht und die Kirche erhellt.

Das Licht, die Musik, die Blumen: Alles kommt wieder. Das Halleluja ertönt, und die Freude kehrt zurück.

Beide Gottesdienste erschließen den Konfis emotional die Geschehnisse des Karfreitags und Ostermorgens.

Der Konfitag zur Vorbereitung dieser Gottesdienste gliedert sich in zwei Teile. Zum einen die Vergegenwärtigung der biblischen Passions- und Kreuzigungsgeschichte (nach dem Matthäusevangelium) und die Probe für den Gottesdienst auf der Grundlage dieses Textes. Zum anderen führt die theologische Beschäftigung mit den Themen Tod und Auferstehung in eine kreative Phase, in der das Kreuzsymbol eigengestalterisch künstlerisch von den Jugendlichen bearbeitet wird.

Durch die Gestaltung des Kreuzes am Ende dieser Einheit lernen die Konfis das Kreuz in seiner Mehrdeutigkeit als ein Hauptsymbol der christlichen Kirche kennen: das Kreuz als Symbol des Todes und der Gottverlassenheit und das Kreuz als Beginn und Hoffnung des christlichen Glaubens und des ewigen Lebens.

VERLAUFSPLAN

Phase	**Inhalt**	**Medien**
Beginn Einstieg	Andacht Kirche	
Erarbeitung 1	Bilder der Passionsgeschichte ordnen	Bilder
Erarbeitung 2	Rollenverteilung und Leseproben für den Karfreitagsgottesdienst	Texte
Pause	Mittagspause	

Erweiterung	Holzkreuze gestalten	Holzkreuze Farben
Abschluss	Andacht	Holzkreuze

ANDACHT ZU BEGINN

Lieder:
- Bleibet hier und wachet mit mir (EG 787.2)
- O Haupt voll Blut und Wunden (EG 85)
- Wir wollen alle fröhlich sein (EG 100)
- Der Herr ist auferstanden (SJ 22)
- Above all powers, above all kings (FJ 2)

BEGINN UND EINSTIEG

Auf dem Boden im Altarbereich der Kirche liegen ungeordnet Bilder der Passions- und Ostergeschichte. Hier eignen sich z. B. die Don Bosco-Bilder für Erzähltheater sowohl von dem Kreuzweg Jesu (Der Kreuzweg Jesu) als auch von der Auferstehung Jesu (Jesus ist auferstanden). Sie sind groß (DIN A3) und umfassen alles Wesentliche der Passions- und Ostergeschichte (insgesamt 22 Bilder).

Mit diesen Bildern wird vor allem in der Erarbeitungsphase 1 gearbeitet. Während der Andacht dienen sie zum einen zur Visualisierung, zum anderen zur Einstimmung in die Themen Passion und Ostern.

ERARBEITUNG 1

Die Konfis bringen die Bilder, die auf dem Boden liegen, im Gang der Kirche in die richtige zeitliche Reihenfolge. Anschließend werden Reihenfolge und Inhalt der Erzählungen gemeinsam betrachtet und ausgewertet. Entweder erzählen die Konfis die Geschichte, oder nötigenfalls ergänzen Teamer*innen oder Pfarrpersonen.

Die Bibel liegt als Hilfsmittel bereit.

ERARBEITUNG 2

Organisatorisches für die Gottesdienste wird geklärt. Die Rollenverteilung und Aufgaben im Gottesdienst werden zugeteilt.

Alles wird anschließend in der Kirche geprobt.

ERWEITERUNG

Im zweiten Teil des Tages wird mit den Jugendlichen darüber theologisiert, was die Passions- und Ostergeschichte bedeuten können und welche unvergleichliche Hoffnung in ihnen steckt. Als Einstieg und Übergang zur nächsten Phase kann folgende kleine Geschichte vorgelesen werden:

Es war einige Tage vor den Osterferien. Ich war gerade mit der langen Erzählreise über Abendmahlsaal, Ölberg und Golgata bis zur Auferstehung gekommen. Da hab ich Seppl in der dritten Bank die gewichtige Frage gestellt, was ihm denn an der Erzählung von Jesus am besten gefallen habe. Der Achtjährige, auf einem einsamen Hof eine Stunde hangeinwärts zu Hause, gab strahlend die Antwort: „Dass alles gut ausgeht!" Die Antwort zwang mir ein Lächeln ab: „Dass alles gut ausgeht!"

Wie unbekümmert ein Kind seine Sehnsucht auf den Punkt bringen kann! Es nützt mir letztlich doch nichts, wenn mir ein berühmter Philosoph auf die Schultern klopft und klarmacht, dass Sinnlosigkeit zum Leben gehört oder ich mit einer raffinierten Versenkungsmethode aus der Wirklichkeit fliehe und in ein Nirwana entschwebe.

Es hilft mir nur der Auferstandene, weil er nicht von unserer Seite der Ohnmacht kommt.

Er ist der Einzige, dem ich abnehme, dass – trotz allem – alles gut ausgeht.
(Nach Reinhold Stecher)

Inhaltlich lernen die Konfis die Ostergeschichte kennen und erkennen, dass Christus den Tod besiegt hat. Das Kreuz ist das Symbol der Christenheit weltweit. Eigentlich ein Folterwerkzeug und brutal, andererseits gäbe es ohne den Tod Christi keine Auferstehung und somit keinen Trost und keine Hoffnung.

Die Konfis erkennen, dass das Kreuz ebenso ein Symbol für das ewige Leben ist. Indem Jesus Christus auferstanden ist, zeigt er, dass er Gottes Sohn ist und dass wir alle keine Angst vor dem Tod haben müssen, denn der Tod ist besiegt.

Diese Botschaft, auf der einen Seite der Tod, auf der anderen Seite das Leben und der Sieg über den Tod, bringen die Konfis nun künstlerisch zum Ausdruck.

Jeder bekommt ein kleines Holzkreuz zum Gestalten mit dem Arbeitsauftrag: „Vom Tod zum Leben".

Nachdem im Vorfeld darüber gesprochen wurde, kann die Aufgabenstellung so weit offengelassen werden, um den Jugendlichen viel Gestaltungsfreiraum zu lassen und sich selbst mit dem Thema intensiv zu beschäftigen. Die Konfis müssen sich überlegen: Welche Farben wähle ich, male ich alles aus oder nur einen Teil des Kreuzes? Wähle ich nur Farben, oder nehme ich Symbole dazu? Gestalte ich Vorder- und Rückseite des Kreuzes oder nur eine Seite?

ABSCHLUSS

Der Abschluss dieses Tages findet mit einer kurzen Andacht in der Kirche statt. Die gestalteten Holzkreuze werden mitgenommen und in die Mitte gelegt. Die Kreuze können so alle betrachtet werden. Der Raum wird gegeben, dass jeder etwas zu seinem Kreuz, zu seiner Gestaltungsidee sagen kann. Dies geschieht freiwillig und unkommentiert.

Die Andacht beginnt mit einem Gebet, in dem an die Erarbeitung während des Tages gedacht und gedankt wird. Es folgt eine Zeit der Stille, in der die Kreuze betrachtet werden können.

Vater Unser und Segenslied beschließen die Andacht.

FÜR ZEITSPARER

Möglicher Ablauf der Karfreitagsandacht und des Osterfrühgottesdienstes:

15.00 Uhr
Andacht zur Sterbestunde Jesu
Musik
Votum und Begrüßung
Gebet
Musik

Jesu Gefangennahme[20]

ERZÄHLER: Und als er noch redete, siehe, da kam Judas, einer von den Zwölfen, und mit ihm eine große Schar mit Schwertern und mit Stangen, von den Hohepriestern und Ältesten des Volkes.
Und der Verräter hatte ihnen ein Zeichen genannt und gesagt: Welchen ich küssen werde, der ist's; den ergreift. Und alsbald trat er zu Jesus und sprach:

JUDAS: Sei gegrüßt, Rabbi!

ERZÄHLER: und küsste ihn. Jesus aber sprach zu ihm:

JESUS: Mein Freund, dazu bist du gekommen?

ERZÄHLER: Da traten sie heran und legten Hand an Jesus und ergriffen ihn. Und siehe, einer von denen, die bei Jesus waren, streckte die Hand aus und zog sein Schwert und schlug nach dem Knecht des Hohepriesters und hieb ihm ein Ohr ab. Da sprach Jesus zu ihm:

---

20 Matthäus 26,47–56 nach der Lutherübersetzung 1984.

JESUS: Stecke dein Schwert an seinen Ort! Denn wer das Schwert nimmt, der soll durchs Schwert umkommen. Oder meinst du, ich könnte meinen Vater nicht bitten, dass er mir sogleich mehr als zwölf Legionen Engel schickte?

Wie würde dann aber die Schrift erfüllt, dass es so geschehen muss? Ihr seid ausgezogen wie gegen einen Räuber mit Schwertern und mit Stangen, mich zu fangen. Habe ich doch täglich im Tempel gesessen und gelehrt, und ihr habt mich nicht ergriffen.

ERZÄHLER: Aber das ist alles geschehen, damit erfüllt würden die Schriften der Propheten. Da verließen ihn alle Jünger und flohen.

MUSIK

Jesus vor dem Hohen Rat[21]

ERZÄHLER: Die aber Jesus ergriffen hatten, führten ihn zu dem Hohepriester Kaiphas, wo die Schriftgelehrten und Ältesten sich versammelt hatten. Petrus aber folgte ihm von ferne bis zum Palast des Hohepriesters und ging hinein und setzte sich zu den Knechten, um zu sehen, worauf es hinauswollte. Die Hohepriester aber und der ganze Hohe Rat suchten falsches Zeugnis gegen Jesus, dass sie ihn töteten. Und obwohl viele falsche Zeugen herzutraten, fanden sie doch nichts. Zuletzt trat einer herzu und sprach:

EINER: Er hat gesagt: Ich kann den Tempel Gottes abbrechen und in drei Tagen aufbauen.

ERZÄHLER: Und der Hohepriester stand auf und sprach zu ihm:

HOHEPRIESTER: Antwortest du nichts auf das, was diese gegen dich bezeugen?

---

21 Matthäus 26,57–68 nach der Lutherübersetzung 1984.

ERZÄHLER: Aber Jesus schwieg still. Und der Hohepriester sprach zu ihm:

HOHEPRIESTER: Ich beschwöre dich bei dem lebendigen Gott, dass du uns sagst, ob du der Christus bist, der Sohn Gottes.

JESUS: Du sagst es. Doch sage ich euch: Von nun an werdet ihr sehen den Menschensohn sitzen zur Rechten der Kraft und kommen auf den Wolken des Himmels.

ERZÄHLER: Da zerriss der Hohepriester seine Kleider und sprach:

HOHEPRIESTER: Er hat Gott gelästert! Was bedürfen wir weiterer Zeugen? Siehe, jetzt habt ihr die Gotteslästerung gehört. Was ist euer Urteil?

EINIGE: Er ist des Todes schuldig.

ERZÄHLER: Da spien sie ihm ins Angesicht und schlugen ihn mit Fäusten. Einige aber schlugen ihn ins Angesicht und sprachen:
Einige: Weissage uns, Christus, wer ist's, der dich schlug?

MUSIK

Die Verleugnung des Petrus[22]

ERZÄHLER: Petrus aber saß draußen im Hof; da trat eine Magd zu ihm und sprach:

MAGD: Und du warst auch mit dem Jesus aus Galiläa.

ERZÄHLER: Er leugnete aber vor ihnen allen und sprach:

PETRUS: Ich weiß nicht, was du sagst.

---

22 Matthäus 26,69–75 nach der Lutherübersetzung 1984.

ERZÄHLER: Als er aber hinausging in die Torhalle, sah ihn eine andere und sprach zu denen, die da waren:

ANDERE: Dieser war auch mit dem Jesus von Nazareth.

ERZÄHLER: Und er leugnete abermals und schwor dazu:

PETRUS: Ich kenne den Menschen nicht.

ERZÄHLUNG: Und nach einer kleinen Weile traten hinzu, die da standen, und sprachen zu Petrus:

ANDERE: Wahrhaftig, du bist auch einer von denen, denn deine Sprache verrät dich.

ERZÄHLER: Da fing er an, sich zu verfluchen und zu schwören:

PETRUS: Ich kenne den Menschen nicht.

ERZÄHLER: Und alsbald krähte der Hahn. Da dachte Petrus an das Wort, das Jesus zu ihm gesagt hatte: Ehe der Hahn kräht, wirst du mich dreimal verleugnen. Und er ging hinaus und weinte bitterlich.

MUSIK

Jesus vor Pilatus. Das Ende des Judas[23]

ERZÄHLER: Am Morgen aber fassten alle Hohepriester und die Ältesten des Volkes den Beschluss über Jesus, ihn zu töten, und sie banden ihn, führten ihn ab und überantworteten ihn dem Statthalter Pilatus. Als Judas, der ihn verraten hatte, sah, dass er zum Tode verurteilt war, reute es ihn, und er brachte die dreißig Silberlinge den Hohe-

23 Matthäus 27,1–13 nach der Lutherübersetzung 1984.

priestern und Ältesten zurück und sprach:

JUDAS: Ich habe Unrecht getan, dass ich unschuldiges Blut verraten habe.

ERZÄHLER: Sie aber sprachen:

HOHEPRIESTER: Was geht uns das an? Da sieh du zu!

ERZÄHLER: Und er warf die Silberlinge in den Tempel, ging fort und erhängte sich. Aber die Hohepriester nahmen die Silberlinge und sprachen:

HOHEPRIESTER: Es ist nicht recht, dass wir sie in den Gotteskasten legen; denn es ist Blutgeld.

ERZÄHLER: Sie beschlossen aber, den Töpferacker davon zu kaufen zum Begräbnis für Fremde. Daher heißt dieser Acker Blutacker bis auf den heutigen Tag.

Da wurde erfüllt, was gesagt ist durch den Propheten Jeremia, der da spricht: „Sie haben die dreißig Silberlinge genommen, den Preis für den Verkauften, der geschätzt wurde bei den Israeliten, und sie haben das Geld für den Töpferacker gegeben, wie mir der Herr befohlen hat" (Jeremia 32,9; Sacharja 11,12–13).

Jesus aber stand vor dem Statthalter; und der Statthalter fragte ihn und sprach:

STATTHALTER: Bist du der König der Juden?

ERZÄHLER: Jesus aber sprach:

JESUS: Du sagst es.

ERZÄHLER: Und als er von den Hohepriestern und Ältesten verklagt wurde, antwortete er nichts. Da sprach Pilatus zu ihm:
Statthalter: Hörst du nicht, wie hart sie dich verklagen?

MUSIK

Gemeinde erhebt sich

Jesu Kreuzigung und Tod[24] (Teil 1)

ERZÄHLER: Und als sie ihn verspottet hatten, zogen sie ihm den Mantel aus und zogen ihm seine Kleider an und führten ihn ab, um ihn zu kreuzigen. Und als sie hinausgingen, fanden sie einen Menschen aus Kyrene mit Namen Simon; den zwangen sie, dass er ihm sein Kreuz trug. Und als sie an die Stätte kamen mit Namen Golgatha, das heißt: Schädelstätte, kreuzigten sie ihn.

HAMMERGERÄUSCHE 5-mal

MUSIK

Jesu Kreuzigung und Tod[25] (Teil 2)

ERZÄHLER: Als sie ihn aber gekreuzigt hatten, verteilten sie seine Kleider und warfen das Los darum. Und sie saßen da und bewachten ihn. Und oben über sein Haupt setzten sie eine Aufschrift mit der Ursache seines Todes: Dies ist Jesus, der Juden König.

Und da wurden zwei Räuber mit ihm gekreuzigt, einer zur Rechten und einer zur Linken.

Die aber vorübergingen, lästerten ihn und schüttelten ihre Köpfe und sprachen:

---

24 Matthäus 27,31–33 nach der Lutherübersetzung 1984.

25 Matthäus 27,35–54 nach der Lutherübersetzung 1984.

MENSCHEN: Der du den Tempel abbrichst und baust ihn auf in drei Tagen, hilf dir selber, wenn du Gottes Sohn bist, und steig herab vom Kreuz!

ERZÄHLER: Desgleichen spotteten auch die Hohepriester mit den Schriftgelehrten und Ältesten und sprachen:

HOHEPRIESTER: Andern hat er geholfen und kann sich selber nicht helfen. Ist er der König von Israel, so steige er nun vom Kreuz herab. Dann wollen wir an ihn glauben. Er hat Gott vertraut; der erlöse ihn nun, wenn er Gefallen an ihm hat; denn er hat gesagt: Ich bin Gottes Sohn.

ERZÄHLER: Desgleichen schmähten ihn auch die Räuber, die mit ihm gekreuzigt waren. Und von der sechsten Stunde an kam eine Finsternis über das ganze Land bis zur neunten Stunde.
Und um die neunte Stunde schrie Jesus laut:

JESUS: Eli, Eli, lama asabtani? Mein Gott, mein Gott, warum hast du mich verlassen?

ERZÄHLER: Einige aber, die da standen, als sie das hörten, sprachen sie:

MENSCHEN: Der ruft nach Elia.

ERZÄHLER: Und sogleich lief einer von ihnen, nahm einen Schwamm und füllte ihn mit Essig und steckte ihn auf ein Rohr und gab ihm zu trinken. Die andern aber sprachen:

MENSCHEN: Halt, lass sehen, ob Elia komme und ihm helfe!

ERZÄHLER: Aber Jesus schrie abermals laut und verschied. Und siehe, der Vorhang im Tempel zerriss in zwei Stücke von oben an bis unten aus.
Und die Erde erbebte, und die Felsen zerrissen, und die Gräber taten sich auf, und viele Leiber der entschlafenen Heiligen standen auf und

gingen aus den Gräbern nach seiner Auferstehung und kamen in die heilige Stadt und erschienen vielen.

Als aber der Hauptmann und die mit ihm Jesus bewachten das Erdbeben sahen und was da geschah, erschraken sie sehr und sprachen:

HAUPTMANN UND MENSCHEN: Wahrlich, dieser ist Gottes Sohn gewesen.

MUSIK

KLANGSCHALE UND STILLE

- Beim ersten Anschlagen der Klangschale gehen zwei Konfis nach vorne zum Altar und löschen die Kerzen auf dem Altar. Anschließend bleiben sie neben dem Altar stehen.
- Beim zweiten Anschlagen der Klangschale gehen drei Konfis nach vorne zum Altar, nehmen beide Blumenvasen vom Alter und die Bibel.
- Beim dritten Anschlagen der Klangschale schließt der Konfi vorsichtig die Bibel.

– Beim vierten Anschlagen der Klangschale gehen alle Konfis mit ihren Gegenständen vom Altar aus (mit Bibel, Blumen und Kerzen in den Händen) langsam durch den Mittelgang der Kirche hinten hinaus.
Sie kommen ohne die Altargegenstände leise wieder zurück und gehen auf ihre Plätze.
– Beim fünften Anschlagen der Klangschale steht die ganze Gemeinde auf, und gemeinsam wird das Vater Unser gesprochen.

1 – Kerzen löschen
2 – Blumen und Bibel vorgehen
3 – Bibel zumachen
4 – Alle gehen langsam mit den Sachen raus und kommen dann leise zurück
Pause
5 – Alle stehen auf

KLANGSCHALE UND STILLE

VATER UNSER

SEGEN

(keine Musik mehr)

OSTERSONNTAG, 6 UHR

Verteilen kleiner Osterkerzen, Konfis Blumen, Bibel und Altarkerzen.
Treffen in der Westeingangshalle und Entzünden der Osterkerze.

Begrüßung: (Ostergebet[26]):
Dies ist die Nacht, von der geschrieben steht:
Die Nacht wird hell wie der Tag.
Der Glanz dieser Nacht nimmt den Frevel hinweg,
reinigt von Schuld, gibt den Sündern die Unschuld,
den Trauernden Freude.
Weit vertreibt sie den Hass, sie einigt die Herzen und beugt die Gewalten,
o wahrhaft selige Nacht.
Die Himmel und Erde versöhnt, die Gott und den Menschen verbindet.
Amen.

MUSIK
1. Lesung im Gang: 1. Mose 1,1–5

MUSIK
2. Lesung im Gang: Ezechiel 37,1–14

---

26 Teile der deutschen Übersetzung des Exultet (Osterlobs) zum Beginn der Osternacht aus dem 4. Jahrhundert.

MUSIK

3. Lesung. Versammeln vor dem Altar: Matthäus 28,1–10

DER HERR IST AUFERSTANDEN (KANON)

Konfis: Aufdecken des Altars
Bibel, Kerzen und Blumen

An dem Licht der Osterkerze entzünden wir nun die anderen. Das Licht breitet sich aus. Alles lebt durch Christus wieder auf. Die Finsternis weicht, und das wahre Licht scheint jetzt. Dabei Lied: Der Herr ist auferstanden, er ist wahrhaftig auferstanden – Halleluja

TAUFEN: (Wenn Konfis noch vor der Konfirmation getauft werden sollten, dann bietet sich hier eine sehr schöne Möglichkeit.)

MUSIK

Ostergebet

WIR BETEN GEMEINSAM: VATER UNSER IM HIMMEL ...

So gehet in diesen Ostersonntag mit dem Segen unseres Gottes:
„Gottes Segen leuchte euch wie das Licht am Ostermorgen.
Gottes Friede begleite euch. Gottes Liebe beflügle euch.
Gottes Freude rühre euch an. Christus ist auferstanden!
In diesem Glauben segne euch Gott!
Amen“

ANSCHLIESSEND: FRÜHSTÜCK

WEITER GEDACHT

Von diesem Konfitag lassen sich vor allem zwei Teile auf die weitere Gemeindearbeit übertragen. Sei es auf Seniorenkreise, Schulkassen oder auch Kitagruppen.

Zum einen die Ordnung der Karfreitags- und Ostergeschichte anhand von Bildern und das anschließende Gespräch darüber. Vielen Gemeindegliedern ist die Passionsgeschichte in ihren groben Abläufen bekannt, aber auch sie entdecken oft noch etwas bisher Unbekanntes oder nicht Beachtetes, wie z. B. den Judaskuss. Zum anderen regt die künstlerische Gestaltung des Kreuzes Jung und Alt zum eigenen Nachdenken über die Bedeutung des Kreuzestodes Jesu an.

#8 SCHÖPFUNG UND STAUNEN

WIE ALLES BEGANN

AUF EINEN BLICK

Die Jugendlichen kommen während der Konfizeit in ein Alter, indem sie sich verstärkt sowohl im Schulunterricht als auch in ihrer eigenen Entwicklung Fragen nach dem Woher des Einzelnen und der Welt stellen. Erklärungsmodelle werden ihnen in der Schule angeboten, und die Frage taucht auf: In welchem Verhältnis stehen der biblische Schöpfungsglaube und die naturwissenschaftliche Sicht der Entstehung der Welt zueinander?

Dies wird auf unterschiedliche Art und Weise zu erklären versucht:

- Im „KREATIONISMUS“ z. B. werden Schöpfung und Evolution theologisch verstanden. Die Bibel (wörtlich genommen) ist Grundlage jeder Wissenschaft, so stehen die 7 Schöpfungstage entweder als Kalendertage oder als Äonen der Weltgeschichte. Diese Aussagen sind allerdings mit den Naturwissenschaften nicht vereinbar.

- Beim „INTELLIGENT DESIGN“ werden Schöpfung und Evolution naturwissenschaftlich gedeutet. Hier wird gesagt: Am besten lassen sich bestimmte Eigenschaften in der Natur und im Universum durch einen intelligenten Urheber erklären und nicht durch natürliche Selektion. Intelligent Design ist im Prinzip eine moderne Fassung des traditionellen teleologischen Gottesbeweises des Thomas von Aquin.[27]

Der Fokus dieses Konfikonzeptes liegt auf dem Auftrag, der sich für die Menschen aus den unterschiedlichen Erklärungsmodellen ergibt.

Schöpfung und naturwissenschaftliche Erklärung der Welt sind zwei sich ergänzende Sichtweisen, die beide auf ihre Art viel austragen.

Die Schöpfungsgeschichte steht am Anfang der Bibel, weil sie von grundlegender Bedeutung für das Verstehen der Welt, des Lebens und des Verhältnisses zu Gott ist. Historisch vor ca. 3000 Jahren entstanden, bildet sie jedoch kein naturwissenschaftlich protokollartiges Erklärungsmodell der Weltentstehung an. Anstatt nun biblische Schöpfungsgeschichte und naturwissenschaftliche Theorien gegeneinander auszuspielen, ist es viel interessanter und zielführender zu fragen: Wo sind Berührungspunkte und was ist der Sinn der Schöpfung?

Der erste biblische Schöpfungsbericht (Gen 1,1–2,4) berichtet, dass alles Geschaffene eine Ordnung und ein Ziel besitzt. So werden die Sterne am Himmel geschaffen, um Zeichen zu sein: Tages- und Jahreszeiten. Die Menschen erschuf Gott, um sich um die Erde, die Tiere und die Pflanzen verantwortungsvoll zu kümmern. Das hat Auswirkungen bis heute. Verantwortungsvoll, ressourcenschonend, Bewahrer der Schöpfung sein – das ist der Auftrag der Menschen, und gerade heute aktueller denn je.

Aus naturwissenschaftlicher Sicht ist klar: Das Leben ist endlich, und die Güter der Erde sind begrenzt, es ist ein sorgsamer Umgang mit ihnen gefordert. Eine Lebens- und Wirtschaftsweise, die auf rücksichtslose Ausbeutung der Natur setzt, ist gefährlich und verantwortungslos.

---

27 Der sogenannte „teleologische Gottesbeweis“ geht davon aus, dass die Schöpfung eine deutlich erkennbare Ordnung aufweist. Diese Ordnung kann nicht durch einen Zufall entstanden sein, sondern muss einem Schöpfungsplan zugrunde liegen. Dieser Planer und Schöpfer ist Gott.

Beide Erklärungsmodelle sind also in dem Punkt einig, dass mit der Schöpfung verantwortungsvoll umgegangen werden muss.

Für das Thema Schöpfung sind zwei aufeinander folgende Konfitage konzipiert.

Am ersten Konfitag steht die Betrachtung der Schöpfung an erster Stelle mit Hilfe des 104. Psalms und des Sonnengesangs von Franz von Assisi sowie einer kreativen Aufgabe.

Am zweiten Konfitag wird die Entstehung der Erde und des Lebens betrachtet, zum einem aus biblischer Perspektive und zum anderen aus wissenschaftlicher Sicht. Beides steht sich hier nicht gegenüber, sondern es wird mit den Konfis erkannt, dass es unterschiedliche Sichtweisen sind, die einander ergänzen können.

Die Jugendlichen erkennen weiter, dass alle Menschen Verantwortung für das Geschenk der Schöpfung übernehmen müssen, weil diese an vielen Stellen bedroht ist.

Ganz praktisch überlegen die Konfis in einem weiteren Schritt, wie sie als Teil der Gemeinde Verantwortung der Schöpfung gegenüber übernehmen können, und erarbeiten ein Projekt für die eigene Gemeinde.

VERLAUFSPLANUNG

Phase	Inhalt	Medien
Beginn	Andacht Kirche	
Einstieg Kennenlernen	Kennenlernspiele	
Erarbeitung 1	Psalm 104 und Sonnengesang (F. v. Assisi)	Psalm 104 Sonnengesang
Exkursion und Aufgabe	Ausflug zum See / Paddeln, Aufgabe: Bilder zu Psalm 104 mit Handy aufnehmen	Handy
Pause		

Ergebnis-sicherung	Plakat oder Instagrambild zu Psalm 104 oder Sonnengesang erstellen	Handy Plakate Bilder
Abschluss	Andacht	

ANDACHT ZU BEGINN

Lieder:
- So groß ist der Herr/ Ein König voller Pracht (SJ 4)
- Großer Gott, wir loben dich (EG 331)
- Wir pflügen und wir streuen (EG 508)

Bibelstellen:
- Psalm 104

EINSTIEG

Dieser Konfitag ist als Einstieg für neue Konfis nach den Sommerferien konzipiert. Ein gemeinsamer Ausflug und gemeinsame Aktionen schaffen Verbindungen untereinander und erleichtern den Einstieg in die schon vorhandene Gruppe.

Nach der Andacht folgt eine Phase des gegenseitigen Kennenlernens, mit Vorstellungsrunde und Kennenlernspielen.

ERARBEITUNG 1

Anschließend wird gemeinsam die bearbeitete und gekürzte Form des 104. Psalms und der Sonnengesang des Franz von Assisi gelesen (siehe Punkt 3).

Es wird darauf hingewiesen, dass sich auch der nächste Konfitag mit dem Thema Schöpfung beschäftigt und dann die Schöpfungstexte genauer betrachtet werden. An diesem Konfitag steht das Staunen über Gottes gute Schöpfung im Vordergrund, und das kann man nicht nur lesen, sondern man erlebt es am besten.

EXKURSION UND AUFGABE

Deshalb ist dieser Tag als Ausflug (hier zum See mit der Möglichkeit zum Paddeln) konzipiert. Die Konfis bekommen dabei einen Arbeitsauftrag: schöne Naturfotos mit ihren Handys zu machen. Diese sollen nachmittags von ihnen zu Plakaten oder als Instagrambilder gestaltet werden, für den Erntedankgottesdienst Anfang Oktober, mit der Überschrift und Zitaten aus dem 104. Psalm oder des Sonnengesangs.

Ein Ausflug in einen nahegelegenen Wald, Gebirge oder Park bietet ebenfalls die Gelegenheit für schöne Naturaufnahmen, mit denen im Anschluss weiter gearbeitet werden kann.

ERGEBNISSICHERUNG

Die Plakate werden entweder mit den ausgedruckten Fotos und Zitaten von den Jugendlichen gestaltet, oder die Konfis gestalten an ihrem Handy die Fotos mit Zitaten. Diese Bilder können auf die Gemeindehomepage (Facebook oder Instagram) gestellt werden. Die Konfis sind im Erntedankgottesdienst anwesend, lesen die Texte vor und zeigen der Gemeinde, was sie dazu erarbeitet haben.

An diesem Konfitag wird der Umgang mit neuen Medien geübt und vertieft. Gleichzeitig werden die entstandenen Bilder genutzt, um die Ergebnisse des Tages einer Öffentlichkeit zu präsentieren, die i. d. R. eher selten zur sonntäglichen Gemeinde gehört. Über Instagramm und Facebook können neue Zielgruppen erreicht werden.

FÜR ZEITSPARER

NACH PSALM 104[28]

Lobe den Herrn, meine Seele! Herr, mein Gott, du bist herrlich,
du bist schön und prächtig geschmückt.
Licht ist dein Kleid, das du anhast.
Du breitest den Himmel wie einen Teppich.
Du lässt Wasser in den Tälern quellen,
dass sie zwischen Bergen dahinfließen,
dass alle Tiere des Feldes trinken und das Wild seinen Durst lösche.
Darüber sitzen die Vögel des Himmels und singen unter den Zweigen.
Du lässt Gras wachsen für das Vieh und Saat zum Nutze für den Menschen.
Du hast den Mond gemacht, das Jahr danach zu teilen; die Sonne weiß ihren Niedergang.
Du machst Finsternis, dass es Nacht wird.
Wenn die Sonne aufgeht, so geht der Mensch an seine Arbeit und an sein Werk bis an den Abend.
Lobe den Herrn, meine Seele!

SONNENGESANG DES FRANZ VON ASSISI[29]

Höchster, allmächtiger, guter Herr, dein sind der Lobpreis, die Herrlichkeit und Ehre und jeglicher Segen.
Dir allein, Höchster, gebühren sie, und kein Mensch ist würdig, dich zu nennen.
Gelobt seist du, mein Herr, mit allen deinen Geschöpfen, zumal dem Herrn Bruder Sonne;
er ist der Tag, und du spendest uns das Licht durch ihn. Und schön ist er und strahlend in großem Glanz,
dein Sinnbild, o Höchster.

---

28 Übernommen aus: Das Kinderliederbuch, S. 16.

29 http://www.franziskusschwestern.de/Franziskanisch/Sonnengesang%201.pdf (gelesen 19.12.2018).

Gelobt seist du, mein Herr, durch Schwester Mond und die Sterne; am Himmel hast du sie gebildet, hell leuchtend und kostbar und schön.

Gelobt seist du, mein Herr, durch Bruder Wind und durch Luft und Wolken und heiteren Himmel und jegliches Wetter, durch das du deinen Geschöpfen den Unterhalt gibst.
Gelobt seist du, mein Herr, durch Schwester Wasser,
gar nützlich ist es und demütig und kostbar und keusch.
Gelobt seist du, mein Herr, durch Bruder Feuer,
durch das du die Nacht erleuchtest;
und schön ist es und liebenswürdig und kraftvoll und stark.
Gelobt seist du, mein Herr, durch unsere Schwester, Mutter Erde, die uns ernährt und lenkt
und vielfältige Früchte hervorbringt und bunte Blumen und Kräuter.
Gelobt seist du, mein Herr, durch jene, die verzeihen um deiner Liebe willen und Krankheit ertragen und Drangsal. Selig jene, die solches ertragen in Frieden,
denn von dir, Höchster, werden sie gekrönt werden.
Gelobt seist du, mein Herr, durch unsere Schwester, den leiblichen Tod;
ihm kann kein Mensch lebend entrinnen.
Wehe jenen, die in schwerer Sünde sterben.
Selig jene, die sich in deinem heiligsten Willen finden, denn der zweite Tod wird ihnen kein Leid antun.
Lobet und preiset den Herrn!
Danket und dient Ihm in großer Demut!
Amen

WEITER GEDACHT

Die Aktion, den 104. Psalm und den Sonnengesang des Assisi mit eigenen Bildern aus der Natur zu gestalten, ist eine Einheit, die auch in Schule und weiteren Gemeindekreisen gemacht werden kann. Das Paddeln ist sicherlich nicht so einfach, aber ein Waldspaziergang oder ein Gang über die Felder ist genauso gut geeignet, um die Schönheit von Gottes Schöpfung in Bildern einzufangen.

Dadurch, dass der Psalm oder der Sonnengesang mit Bildern kreativ bearbeitet wird und Teile daraus abgeschrieben werden, nähert man sich dem Text an, und die Sprache der Psalmen wird zum eigenen Dank an Gott über die wunderbare Schöpfung der Natur.

Der Gemeinde werden diese Ergebnisse zu Teil und dadurch werden auch sie aufgerufen zum Staunen über Gottes Schöpfung.

#9

SCHÖPFUNG UND BEWAHREN

WIE ES GEHEN KÖNNTE

VERLAUFSPLANUNG

Phase	**Inhalt**	**Medien**
Beginn Einstieg	Andacht	
Vorarbeit	– Aufgabe: Den ersten Schultag beschreiben und auswerten	
Erarbeitung	1. Mose 1 lesen und Video „Was ist Was“ – Die Erde ansehen. Unterschiede – Gemeinsamkeiten?	– Bibel – DVD „Was ist Was – Die Erde“
Erweiterung	Vortrag Klima-Umweltbeauftragte der Landeskirche	
Pause		
Reflexion und Ziel	– Kleingruppen: Ideensammlung, Umsetzung in eigener Gemeinde – Großgruppe: Eine konkrete Idee für die Gemeinde umsetzen	

ANDACHT ZU BEGINN

Lieder:

- So groß ist der Herr (SJ 4)
- Großer Gott, wir loben dich (EG 331)
- Himmel, Erde, Luft und Meer (EG 504)

Bibeltext:

- Genesis 1

VORARBEIT

Zum Einstieg bekommen die Konfis die Aufgabe, schriftlich ihren ersten Schultag an der neuen Schule (7. Klasse oder 5. Klasse) zu beschreiben. Parallel dazu wird von den Teamern/ Pfarrpersonen ein protokollartiger Bericht über den gleichen Tag der Jugendlichen, aber aus einer übergeordneten Perspektive, geschrieben. Die Ergebnisse werden vorgetragen, und es wird erkannt, dass alle Jugendlichen inhaltlich das gleiche Ereignis beschreiben, aber dass es alle, mit unterschiedlichen Schwerpunkten, individuell ausgedrückt haben.

Durch diesen Einstieg werden die Jugendlichen darauf aufmerksam gemacht, dass das gleiche Ereignis, von unterschiedlichen Personen beschrieben, in seiner Endgestalt sehr variieren kann. Diese Erkenntnis wird in einem weiteren Schritt auf die biblische Schöpfungsgeschichte und die naturwissenschaftliche Erklärung der Welt übertragen.

ERARBEITUNG

Der biblische Schöpfungsbericht wird mit den Jugendlichen aus der Bibel gelesen (Gen 1,1 – 2,4).

Daneben wird nun eine wissenschaftliche Ausführung der Schöpfung der Welt und der Entstehung des Lebens betrachtet. Sehr gut ist z. B. die Videodokumentation aus der Reihe „Was ist Was“ zum Thema „Unsere Erde“. Mit eindrücklichem Videomaterial wird in jugendgerechter Sprache die Weltentstehung wissenschaftlich und die Entstehung des Lebens nach der Evolutionstheorie erklärt.

Am Ende des halbstündigen Films wird auch auf die Verantwortung der Menschen gegenüber der Schöpfung hingewiesen, gerade was Umwelt- und Klimaschutz angeht.

Beide Berichte (Text und Film) werden analysiert, Verständnisfragen besprochen, und auch hier (wie bereits am Beispiel zuvor) stellen die Konfis fest, dass es Unterschiede in beiden Berichten gibt, aber dass beide sich nicht widersprechen, sondern eher zwei Seiten ein und desselben Vorgangs beleuchten.

ERWEITERUNG

Zu dieser Sitzung wurde im Vorfeld ein/e Mitarbeiter*in vom Umweltbüro der Landeskirche *(bei uns EKBO: https://www.ekbo.de/wir/umwelt-klimaschutz.html)* eingeladen. Diese/r berichtet nun den Konfis über die Arbeit und das Umwelt- und Klimakonzept in der Landeskirche.

REFLEXION

Nach einer Pause wird mit den Konfis gemeinsam überlegt, wie sie in der eigenen Kirchengemeinde einen Punkt vom Umwelt- und Klimakonzept konkret umsetzen können. Möglichkeiten sind hier z. B. keine Pappbecher oder Teller bei Veranstaltungen, oder die Jugendlichen werden nicht mit dem Auto gebracht, sondern kommen während der zwei Jahre Konfizeit mit dem Fahrrad zur Kirche und zum Konfitag.

Zunächst überlegen die Jugendlichen in kleineren Gruppen und einigen sich dann in der Großgruppe auf ein konkretes Ziel. Wichtig ist hier, einen konkreten Punkt zu benennen und dann gemeinsam zu überlegen, was die Umsetzung dieses Punktes alles beinhaltet: Worauf muss geachtet werden; was können Alternativen sein, und wen müssen wir informieren?

Haben die Jugendlichen ein konkretes Ziel benannt, ist es nun eine weitere Aufgabe der ganzen Gruppe, die Gemeinde zu informieren. Das geschieht z. B. in den Abkündigungen im nächsten Gottesdienst, aber auch in Form eines kurzen Gemeindebriefartikels. Beides wird nun von den Jugendlichen vorbereitet.

WEITER GEDACHT

Die Umsetzung eines Umwelt-Klimazieles, welches sich die Konfis ausgewählt haben, wird in der ganzen Gemeindearbeit umgesetzt. So wird die ganze Gemeinde sensibilisiert für Umwelt- und Klimaaufgaben.

Die Gemeinde hilft der Umwelt, vielleicht kann sie durch diese Anregungen auch in den eigenen Haushalten einiges umstellen. Die Bewahrung der Schöpfung wird in der Gemeinde alle zwei Jahre, mit jedem neuen Konfijahrgang, neu bedacht und weitergeführt.

#10

REFORMATION

WIR SIND EVANGELISCH

AUF EINEN BLICK

Die Reformation (lat. reformatio: Wiederherstellung/Erneuerung) bezeichnet historisch die kirchliche Erneuerungsbewegung, die schließlich zur Trennung zwischen katholischer und evangelischer Kirche führte.

Bis dahin gab es im westlichen Christentum nur die Katholische Kirche.

Der Beginn der Reformationszeit wird mit dem Jahr 1517 angesetzt, als Martin Luther, angeblich am 31.10.1517, seine 95 Thesen an die Schlosskirchentür in Wittenberg schlug. In diesen prangerte er u. a. die „falsche Lehre" der katholischen Kirche, v. a. in Bezug auf die Ablassbriefe, die kirchlichen Ämter und den gesamten Klerus, an.

So sah Martin Luther z. B. im Ablasshandel – der kirchlichen Praxis, den Menschen gegen Geld die Sünden zu erlassen – einen Missbrauch. Er war überzeugt, dass die Christen allein durch den Glauben an Gott, durch Jesus Christus von der Strafe nach dem Tod befreit werden. Nach diesem Ereignis und weiteren Schriften Luthers drohte die westliche europäische Christenheit mit den Jahren in zwei konfessionelle Lager zu zerfallen. Auf der einen Seite die Anhänger Luthers, auf der anderen Seite die Anhänger der römisch-katholischen Kirche. Die unterschiedlichen Positionen wurden auf dem Augsburger Reichstag von 1530 ausgetauscht. Im Bemühen um eine friedliche Lösung legten die Anhänger Luthers – schon als Protestanten bekannt – Kaiser Karl V. die „Confessio Augustana“ (Augsburger Bekenntnis) vor.

Der Kaiser lehnte diese ab, der Schmalkaldische Krieg 1547 folgte, der schließlich in den Augsburger Religionsfrieden mündete. Dieser beinhaltete, dass jeder Landesherr das Recht hatte, die Konfession für sein Herrschaftsgebiet selbst zu wählen.

Frieden kehrte so allerdings noch nicht ein.

Der Dreißigjährige Krieg (1618–1648) markiert den bitteren Höhepunkt und das Ende der Reformationszeit mit dem „Westfälischen Frieden“ (1648). Hier wurden die drei christlichen Konfessionen katholisch, reformiert und lutherisch gleichgestellt.

Die Auswirkungen der Reformation betrafen nicht nur die Theologie und die Kirchen, sie hatte weitreichende Folgen in der ganzen Welt: in der Kunst, Kultur, Bildung, Gesellschaft und Politik.

VERLAUFSPLAN

Phase	**Inhalt**	**Medien**
Beginn	Andacht	
Einstieg und Erarbeitung	Lutherrose, Lutherkürbisse schnitzen und Suppe vorbereiten	Kürbisse, Schnitzmesser, Kochutensilien
Kino in der Kirche	Lutherfilm in der Kirche gucken	DVD, Film, Beamer
Gemeinsames Essen	Essen im Gemeindehaus	
Vertiefung	Reformationsquiz	Reformationsquiz
Übernachtung		
Ausflug	Gemeindeausflug nach Wittenberg	

ANDACHT ZU BEGINN

Lieder:
- Ein feste Burg ist unser Gott (EG 362)
- Verleih uns Frieden gnädiglich (SJ 72)

EINSTIEG UND ERARBEITUNG

Dieser Konfitag beginnt nachmittags.

Eine Übernachtung der Jugendlichen im Gemeindehaus ist geplant und am nächsten Tag ein Gemeindeausflug (gemeinsam mit den Konfis).

Zunächst treffen sich nur die Jugendlichen und Pfarrpersonen. Nach der einleitenden Andacht wird im Gemeindehaus das Bild einer Lutherrose betrachtet. Sie wird als Siegel (Unterschrift) Martin Luthers beschrieben, und gemeinsam wird überlegt, welche Symbole daraus die Konfis erkennen und theologisch deuten können. Fehlendes Wissen wird ergänzt (siehe AB 1).

Die Aufgabe der Jugendlichen ist nun, diese Lutherrose in die Kürbisse zu schnitzen. Das Innere der Kürbisse wird gesammelt und daraus Kürbissuppe gekocht. Dieser Konfitag ist bewusst um den 31.10. herum angesetzt, also um den Reformationstag. Zeitgleich wird in vielen Städten und Dörfern Halloween gefeiert mit gruselig ausgeschnittenen Kürbissen. Um an den Reformationstag zu erinnern, werden nun Lutherrosen in Kürbisse geschnitzt. Diese gestalteten Kürbisse werden vor den Kircheneingang, gut sichtbar für alle, gestellt.

KINO IN DER KIRCHE

Um 18.00 Uhr ist der Film in der Kirche angesetzt, zu dem alle Gemeindeglieder eingeladen sind.

Bei uns stehen zwei Filme zur Auswahl, die jährlich gewechselt werden sollten, so dass jeder Konfi beide Filme gesehen hat und auch die Gemeinde eine Abwechslung hat.

Zum einen ist es ein Lutherfilm „Luther“ aus dem Jahr 2003 (Filmdauer 2 Stunden). Zum anderen der Film „Katharina Luther“ von 2017.[30]

Der Film „Luther“ erzählt die Lebensgeschichte Martin Luthers und die Geschehnisse zu Beginn der Reformation.

Der Film „Katharina Luther“ handelt von Martin Luthers Ehefrau und zeigt im Gegensatz zum Lutherfilm eher die privaten Lebensumstände der Lutherfamilie. Beide Filme ergänzen sich gut.

GEMEINSAMES ESSEN UND VERTIEFUNG

Nach dem Film werden alle eingeladen, noch gemeinsam mit den Konfis die Kürbissuppe zu essen. Vor dem Essen wird das bekannte Lutherlied „Ein feste Burg ist unser Gott“ gesungen, welches die Konfis bereits in der Andacht gesungen haben.

Nach dem Essen wird ein kleines Lutherquiz zwischen Erwachsenen und Jugendlichen gespielt (siehe AB 2).

Die Konfis übernachten im Gemeindehaus.

AUSFLUG

Am nächsten Tag ist ein Gemeindeausflug geplant.

Bei uns bietet sich Wittenberg an. Alternative Reformationsstätten sind unter 4.1 aufgelistet.

Gemeinde und Konfis fahren gemeinsam. Der Ausflug ist als Tagesfahrt konzipiert (Samstag), so können die berufstätigen Gemeindeglieder leichter mitkommen.

---

30 Es muss vorher geklärt werden, wie das mit den Film- und Vorführrechten in der Gemeinde ist.

FÜR ZEITSPARER

ZUR LUTHERROSE:
Die Lutherrose ist ein Symbol der evangelisch-lutherischen Kirchen. Sie ging aus dem Siegel hervor, das Martin Luther ab dem Spätsommer 1530 für seinen Briefverkehr verwendete.

Die Lutherrose ist eine Zusammensetzung verschiedener theologischer Symbole:

- Das schwarze Kreuz in der Mitte erinnert an den Tod Jesu. Er ist für uns gestorben. Das ist das Zentrum und das Wichtigste von allem.
- Das rote Herz: Luther sagte einmal: Woran du dein Herz hängst, das ist dein Gott. Dieses Herz hängt an dem Kreuz.
- Die weiße Rose zeigt, dass der Glaube für uns Freude, Trost und Frieden ist und dass Jesus uns den Glauben schenkt.
- Der blaue Zwischenraum: Blau ist der Himmel, der die Welt umspannt. Wer an Gott glaubt, ist dem Himmel nahe.
- Der äußere Ring ist golden: Gold ist die Farbe für Gott. So wie die Liebe Gottes keinen Anfang und kein Ende hat, so hat auch der Ring keinen Anfang und kein Ende.

LUTHERQUIZ

Wann und wo wurde Martin Luther geboren?

A 1483 in Eisleben
B 1482 in Erfurt
C 1492 in Worms
D 1490 in Wittenberg

Welches Ereignis führte dazu, das Luther Mönch werden wollte?

A Er sah eine Sternschnuppe, die ihm einen Wunsch erfüllte.
B Seine Frau riet es ihm.
C Ein Blitzschlag, der ihn in Angst versetzte.
D Ein Pferdeunfall, bei dem er beinahe gestorben wäre.

Bei seiner Arbeit als Prediger stellte er fest, dass viele Menschen nicht mehr zu ihm zur Beichte kamen. Wie wollten sie sich selbst von ihren Sünden befreien?

A Sie hatten keine Angst mehr vor der Hölle und machten gar nichts.
B Sie kauften Ablassbriefe.
C Sie beteten zu Hause mit ihren Kindern.

Was veröffentlichte Martin Luther 1517?

A 31 Gedichte
B 95 Thesen
C 7 Bücher

Welche Gesangbuchlieder stammen von Martin Luther?

A Vom Himmel hoch, da komm ich her
B Ein feste Burg ist unser Gott
C Ich singe dir mit Herz und Mund
D So nimm denn meine Hände

Was machte Martin Luther auf der Wartburg?

A Er übersetzte die Bibel (das Neue Testament) in die deutsche Sprache.

B Gar nichts.

C Er betete ohne Unterlass.

D Er schrieb drei theologische Bücher.

Wie hieß die Ehefrau von Martin Luther?

A Katharina von Bora

B Astrid Lindgren

C Johanna Stein

D Hannah Ahrendt

Wer porträtierte Luther und Melanchthon?

A Leonardo da Vinci

B Lukas Cranach der Ältere

C Pablo Picasso

D Albrecht Dürer

Die Evangelische Kirche hat zwei Sakramente, welche sind es?

A Taufe und Abendmahl

B Taufe und Konfirmation

C Taufe und Hochzeit

D Taufe und Beerdigung

Was sind die 4 „Soli“ der Reformation?

A solus Johannes, solus Lukas, solus Matthäus, solus Markus

B solus Deus, solus Christus, solus Sanctus Spiritus, solus Ecclesiam

C sola fide, sola gratia, solus Christus, sola Scriptura

Wie hieß Luthers Deckname auf der Wartburg?

A Kaspar Hauser

B Junker Jörg

C Junker Jens

D St. Martin

Was war grundlegendes Ziel der Reformation?

A Die Erneuerung der Kirche.

B Keinen Papst mehr zu haben.

C Neben der katholischen Kirche noch eine evangelische Kirche zu haben als Wahlmöglichkeit.

D Martin Luther wollte Macht.

WEITER GEDACHT

Diese Einheit ist als Gemeindeausflug konzipiert. Zum „Kino in der Kirche" und anschließendem Essen wird explizit auch die Gemeinde eingeladen.

Reformation ist ein Thema, das viele Menschen in der Gemeinde interessiert und sowohl geschichtlich als auch theologisch spannend ist. Über die Filme „Luther" und „Katharina Luther" wird ein einfacher Zugang zu diesem Thema gewährleistet. So können alle Gemeindeglieder – auch ohne theologisches Vorwissen – einsteigen, und die Filme mit ansehen.

Dieses Wochenende soll bewusst mit der Gemeinde erlebt werden. Hier ist das Vorwissen durchaus unterschiedlich. Aus diesem Grund ist es gut, eher grundsätzlich an das Thema heranzugehen, um alle einbeziehen zu können.

Theologische oder geschichtliche Vertiefungen sind jederzeit möglich. In unterschiedlichen Gemeindekreisen kann diese Gemeindefahrt vor- oder nachbesprochen werden.

Dadurch, dass Gemeinde und Konfis diese Tage gemeinsam erleben, entsteht ein Zusammengehörigkeitsgefühl, und die Gemeinde erfährt hautnah, wie Konfiarbeit heute in der eigenen Gemeinde stattfindet.

LOKALE ALTERNATIVEN ZU WITTENBERG

Nachdem am Konfitag zunächst mit den Konfis und der Gemeinde ein Grundstein zur Geschichte der Reformation allgemein gelegt wurde, mit der Konzentration auf Martin Luther und den Beginn des Wirkens der Reformation v. a. in Wittenberg, soll nun am zweiten Tag (Gemeindeausflug) dazu angeregt werden, regionale Bezüge der Reformation gemeinsam zu entdecken.

Sowohl für Konfis als auch für die Gemeinde ist interessant zu sehen, wie sich Spuren der Reformation in der eigenen Heimat finden lassen. Das geschieht am besten durch einen Gemeindeausflug in eine nächstgelegene größere Stadt der Reformation.

Außer Wittenberg sind Augsburg und Eisenach bedeutende Lutherstätten.

Neben Martin Luther als zentraler Figur finden wir in verschiedenen Regionen Deutschlands weitere prägende Persönlichkeiten der Reformation.

War im Norden Deutschlands v. a. Johannes Bugenhagen unterwegs (Hamburg, Hildesheim, Greifswald und Braunschweig), so waren es im Süd-Westen Martin Bucer und Johannes Calvin (z. B. Straßburg).

In Münster ist mit der Täuferbewegung eine interessante Besonderheit, eine Splittergruppe der Reformation historisch zu finden.

So zeigen sich in ganz Deutschland lokale Ausprägungen und Besonderheiten der Reformation, die Konfis und Gemeinde gemeinsam entdecken können:

Auf die Wartburg in Eisenach (Thüringen) ließ Kurfürst Friedrich Wilhelm der Weise Martin Luther 1521 bringen, um ihn aus der Schusslinie seiner Gegner zu ziehen. Luther war zu der Zeit vogelfrei.

Auf der Wartburg lebte er unter dem Namen „Junker Jörg". In 11 Wochen übersetzte er hier das Neue Testament aus dem Griechischen ins Deutsche.

1522 kehrte er wieder nach Wittenberg zurück, als die radikaleren Kräfte (Bilderstürmer) dort die Überhand zu gewinnen schienen.

TÄUFERREICH IN MÜNSTER (WESTFALEN)[31]

Im Anschluss an den Beginn der Reformation in Wittenberg haben sich in Mitteleuropa auch radikale Gruppierungen gebildet, die den christlichen Glauben in neuen Varianten interpretierten. Eine Gruppe von ihnen waren die „Wiedertäufer", die in den Jahren 1534/1535 in Münster das „Neue Jerusalem" entstehen lassen wollten.

Sie waren sowohl Gegner der katholischen Kirche (weil sie den Papst ablehnten) als auch der entstehenden evangelischen Kirche (weil sie nicht allein die Bibel anerkannten, sondern vielmehr an eine mythische Lehre vom inneren Licht glaubten, das für sie unfehlbar war).

Apokalyptische Phantasien wurden hier auf brutalste Art und Weise in Form von Massenhysterien durchgeführt. Zum Programm gehörten die Zerstörung alter Kunstwerke und Kultgegenstände in den Kirchen, da das neu entstehende „Neue Jerusalem" von allen Spuren der Vergangenheit gesäubert werden sollte.

Weitere Merkmale waren: Polygamie, Gütergemeinschaft, Ablehnung von Geld, gesetzliche Wiedertaufe und brutale Niederhaltung Andersdenkender.

Drei Namen sind für diese Bewegung in Münster besonders zu nennen:

- Jan Bokelson / Jan von Leiden (1509–1536), Kaufmann und Gastwirt, später selbsternannter Prophet, der sich im August 1535 zum König Johann der Gerechte in dem Stuhle Davids in Münster ausrufen ließ. Er hatte 17 Ehefrauen, von denen er eine selbst hinrichten ließ, wegen Ungehorsams.
- Bernd Knipperdolling (1495–1536), Bürgermeister von Münster und Statthalter des „Neuen Jerusalems" unter Bokelson.
- Bernhard Krechting (1500–1536) wurde wegen wiedertäuferischer Lehren zunächst aus dem Pfarrdienst entlassen, ging daraufhin nach Münster und wurde täuferischer Prädikant.

---

31 Vgl. hierzu u. a. Heussi, K. Kompendium der Kirchengeschichte, S. 327ff.

Am 25. Juni 1534 wurde Münster erobert und dem Täuferreich ein Ende gesetzt. Viele Wiedertäufer fanden den Tod, Johann Bockelson, Bernd Knipperdolling und Bernhard Krechting wurden gefoltert und zur Abschreckung in drei eiserne Käfige an der St. Lambertikirche in Münster gehängt.

Die Käfige sind heute noch dort zu sehen.

JOHANNES BUGENHAGEN UND DER NORDEN DEUTSCHLANDS

Johannes Bugenhagen (1485–1558) war evangelischer Pfarrer und enger Weggefährte und Freund Martin Luthers. Sein Hauptwirken war in Wittenberg (Prediger und Professor an der Universität).

In den Jahren ab 1528 war er immer wieder im Norden Deutschlands unterwegs, um dort die lutherische Lehre zu verbreiten.

Dafür schrieb er Kirchenordnungen (z. B. die Braunschweiger, Hamburger, Lübecker, Hildesheimer, Pommersche und Dänische), gründete Schulen (Lateinschulen in Hamburg und Lübeck), veränderte das Armenwesen in den Städten (Gemeindekasten) und vor allem die Beziehungen in den Städten zwischen Bürgern, Rat und Kirche. Schulwesen, Predigt und Sozialpolitik waren die Säulen seiner Kirchenordnungen.

Orte, die von Bugenhagens Wirken im Norden heute noch berichten und interessant sind, mit den Konfis und der Gemeinde im Zuge der lokalen Reformationsgeschichte zu besuchen, sind:

HAMBURG

- Hamburgmuseum mit Ausstellung zur Stadtgeschichte Reformation.
- Johanneum/Schule mit Bugenhagen-Denkmal im Hof.
- Bugenhagen-Kirche in Hamburg ebenfalls mit einer Bugenhagen-Statue.

HILDESHEIM

- Bugenhagen-Brunnen von Ulrich Henn (1995). Der Brunnen besitzt die Form eines Leuchters, und durch seine Gestaltung besteht die Möglichkeit, hier auch theologisch mit der Gemeinde und den Konfis über die Reformation ins Gespräch zu kommen.

GREIFSWALD

- Bugenhagen studierte hier. Im Pommerschen Landesmuseum in Greifswald gibt es Ausstellungen zur Reformation. Ein besonders interessantes Bildwerk zur Reformation ist der Croy-Teppich.
- Rubenow-Denkmal in Greifswald, u. a. auch mit Bugenhagen.
- Ernst Moritz Arndt Universität in Greifswald.

BRAUNSCHWEIG

- Brüdernkirche Braunschweig: Hier predigte Bugenhagen 1528 erstmals in Braunschweig. Zu entdecken ist hier eine Bronzestatue Bugenhagens von der Künstlerin Ursula Querner-Wallner (1970).
- Altstadtrathaus Braunschweig: Mit Museum der Stadtgeschichte.

REFORMATION IM SÜDEN DEUTSCHLANDS/EUROPAS

AUGSBURG

Augsburg hat für die Geschichte der Reformation in Deutschland eine große Bedeutung.

1518 war Martin Luther in Augsburg und wurde von Kardinal Kajetan verhört. Er sollte seine 95 Thesen widerrufen. Luther weigerte sich und floh anschließend.

Augsburg spielte auch im weiteren Verlauf der Reformation eine große Rolle, so sind hier u. a. entstanden:

- Augsburger Bekenntnis (1530)
- Augsburger Religionsfrieden (1555)

SEHENSWERTE REFORMATORISCHE ZEUGNISSE IN AUGSBURG

- Kirche St. Anna in Augsburg
  Das ehemalige Karmeliterkloster beherbergt ein kleines Museum zu Luthers Aufenthalt in Augsburg und der Reformationszeit.
- Fuggerhäuser in Augsburg (hier wurde Luther von Kajetan verhört).

ÜBER DIE GRENZEN DEUTSCHLANDS HINAUS

Ein eigenständiger Zweig der Reformation entstand durch Reformatoren der zweiten Generation. So z. B. Johannes Calvin (1509–1564) und Huldrich Zwingli (1484–1531).

Uneins waren sich die Theologen u. a. in den theologischen Antworten auf die Frage nach dem Abendmahl und der Prädestinationslehre.

Die Reformation in Europa spaltete sich in Lutheraner und Reformierte (diese wiederum in Zwinglianer und Calvinisten). Der Calvinismus breitete sich auch in Frankreich aus, wo erste hugenotische Kirchen in den 1550er Jahren in Konkurrenz zu katholischen Kirchen traten.

STRAßBURG entwickelte sich zu einem wichtigen Zentrum des Exils für europäische Protestanten. Die Stadt war aber nicht nur Zufluchtsort, sondern auch eine der ersten Städte, von denen aus sich die Reformation ausbreitete. Auf Verlangen der Einwohnerschaft wurde die katholische Messe verboten, Bilderstürme folgten. Bedeutende Prediger und Reformationszeugen kamen von hier (Martin Bucer und Mathias Zell) und brachten die Reformation in andere Städte (Bucer z. B. nach Augsburg und Ulm).

Martin Bucer verfasste wie Bugenhagen verschiedene Kirchenordungen, später sein eigenes Glaubensbekenntnis, die Confessio Tetrapolitana, und wurde nach Zwinglis Tod Führer der oberdeutschen und schweizerischen Reformation.

Interessant für die Konfis dürfte auch sein, dass Martin Bucer der „Erfinder“ der Konfirmation war.

Guter Freund und Mitreformator Bucers war ab 1538 Johannes Calvin.

REFORMATORISCHE SEHENSWÜRDIGKEITEN IN STRASSBURG

- Thomaskirche (lutherische Hauptkirche der gesamten Region). Bucer predigte hier, Gedenktafel Bucers.
- Jung St. Peter Kirche

#11

JESUS IS KING AND LORD OF ALL[32]

AUF EINEN BLICK

Wer ist JESUS CHRISTUS?

Kaum eine Gestalt der Antike ist historisch so gut belegt wie ausgerechnet jener Jesus aus dem Ort Nazareth.

Vom biblischen Befund ausgehend, hat der vorösterliche Jesus die Frage nach sich selbst nie direkt beantwortet. In seinem Handeln, Verhalten und in den frühen christlichen Zeugnissen über ihn werden eine Vielzahl von Bildern sichtbar, die in ihrer Gänze wahrgenommen werden müssen, um die Besonderheit seiner Person zu erkennen und zu erleben.

Es kann für die christliche Rede von Jesus Christus nicht genügen, nur eine Seite von ihm zu kennen und zu beleuchten, beispielsweise die eines guten Redners und Lehrers.

Auch kann es nicht genügen, in Jesus Christus allein den Auferstandenen und von der Welt enthobenen Christus zu sehen. Seine Verbindung mit uns Menschen und sein Menschsein sowie sein Aufruf zur Nachfolge sind ebenso wichtig.

Es zeigt sich also, dass es eine große Aufgabe ist, mit den unterschiedlichen Bildern Jesu Christi zu arbeiten.

---

32 Dieser Konfitag steht in gekürzter Form auch in dem Buch von Butt, C., Trenn, O., Einfach mal machen.

Wie kann man Jesus Christus nun möglichst eindrucksvoll, erlebnispädagogisch und spannend den Konfis vermitteln?

Jesus Christus muss ein Thema in der Konfizeit sein, das sich von den anderen Themen absetzt!

In diesem Entwurf wird ein Ausflug zur Christus-König-Statue in Polen beschrieben. Unter 4.1. sind weitere Christusdarstellungen aufgelistet, in unterschiedlichen Orten Deutschlands.

Die Christus-König-Statue in Polen (Swiebodzin, ca. 2½ Stunden von Berlin entfernt) ist in vielerlei Hinsicht etwas Besonderes:
- Sie ist die größte Christus-Statue weltweit.
- Die Statue befindet sich im Ausland (Polen).
- Christus wird als mächtiger König dargestellt, eine Darstellung, die bei evangelischen Christen eher unbekannt sein dürfte.
- Die Erarbeitung des Themas ist als Ausflug geplant, gemeinsam mit der Familie der Konfis.

VERLAUFSPLANUNG

Phase	**Inhalt**	**Medien**
Beginn Einstieg	Andacht – Unterschiedliche Jesusbilder (Heiler, Lehrer, Gekreuzigter, Auferstandener) liegen auf dem Boden zur Visualisierung des Themas – Einstieg: Bildbeschreibung – Bibeltext Joh 13,1-7 (Fußwaschung) – Gebet und Reisesegen	Jesusbilder – Bibeltext Joh 13 und Liedtexte
Erarbeitung 1	– in Pkw/Kleinbussen Jedes Fahrzeug bekommt ein AB zu einem „Bild" Jesu und die Arbeitsanweisung	AB 1-4

Erarbeitung 2	– in Kleingruppen AB 5 – Auswertung des AB 5 und AB 1-4 – Hintergrundinfos zur Christus-König-Statue durch Pf/Teamer	– AB 1-4 – AB 5
Erweiterung	– Besichtigung der Katholischen Kirche (Divine Mercy) – Hintergrundinfos zu Polen / Katholische Kirche und Jesus ist König	
Pause	Gemeinsames Picknick Offene Fragen klären	
Zusammenfassung Reflexion	– Auf dem Rückweg in den Autos Gespräch mit der Leitfrage: „Was würde es bedeuten, wenn Jesus König von Deutschland wäre?“	

ANDACHT ZU BEGINN

Alle Mitreisenden stehen im Kreis im Altarraum. Auf dem Boden liegen unterschiedliche Bilder mit Jesusdarstellungen (Jesus als Hirte, als Gekreuzigter, als Mann usw.).

Nach einer Begrüßung und dem Lied „Wir sind hier zusammen in Jesu Namen“ (Singt Jubilate 37) werden die Anwesenden aufgefordert zu beschreiben, was sie auf den Bildern vor sich sehen.

Hier wird die Verbindung zum Thema des Tages hergestellt: Jesus Christus, der uns in verschiedenen Bildern in der Bibel überliefert wird.

Nach kurzem Austausch wird aus der Bibel Johannes 13,1–7 vorgelesen. Dieser Text, in dem Jesus in der Rolle eines Dieners dargestellt wird, wurde bewusst gewählt, im Gegenüber zur Rolle Jesu als König, die im Folgenden vorherrscht.

Es folgt eine Überleitung vom Bibeltext und der Rolle Jesu aus dem Johannestext zu dem Ausflug nach Polen zur Christus-König-Statue. Organisatorisches wird geklärt, und die Autogruppen bekommen ihre Arbeitsblätter, die sie während der Fahrt bearbeiten sollen.

Zum Abschluss der Andacht wird gemeinsam gesungen: „Sing Halleluja to the Lord“ und ein Reisesegen gesprochen.

ERARBEITUNG 1 (AUTOFAHRT HIN)

Inhaltlich sind 4 Bilder Jesu auf den unterschiedlichen Arbeitsblättern zu finden: Jesus als Heiler, Jesus als König, Jesus als guter Hirte und Jesus als Lehrer, dazu entsprechende Bibeltexte und offene Fragen, die zum gegenseitigen Austausch einladen.

ERARBEITUNG 2 (POLEN-STATUE)

Adresse der Christus-König-Statue in Polen:
Pomnik Chrystusa Krola
Sulechowska
66-200 Swiebodzin, Polen

Kurze Beschreibung des Areals:
- kostenlose Parkplätze an der Statue
- kein Eintritt
- WC und kleiner Andenkenladen sind vorhanden
- Kreuzwegstation an der Statue
- keine großen Gefahren und eine gute Übersicht über das ganze Gelände

An der Statue angekommen, bekommen alle Anwesenden ein Arbeitsblatt (AB 5) mit Arbeitsaufträgen. Es soll in kleineren Gruppen, die nach Belieben (familiär oder Jugendliche untereinander) gebildet werden können, erarbeitet werden.

Über das reine Faktenwissen hinaus werden die Konfis und ihre Familien herausgefordert, ihren eigenen Ideen und theologischen Vorstellungen Raum zu geben.

Nach ca. 20 Minuten wird das Arbeitsblatt gemeinsam ausgewertet.

HINTERGRUNDINFOS ZU POLEN / KATHOLISCHE KIRCHE UND JESUS IST KÖNIG

Ca. 87 % der Polen sind katholisch.[33]

1925 wurde das Christkönigsfest von Papst Pius XI. eingeführt. Es erinnert daran, dass Christus König ist, wenn auch „nicht von dieser Welt". Seit 1969 wird das Christkönigsfest am Sonntag vor dem 1. Advent gefeiert.

2006 wurde Jesus Christus in Polen von national-konservativen Sejmabgeordneten am Christkönigsfest zum König über Polen ausgerufen, im Beisein des Staatspräsidenten Duda. Grundlage für diese Inthronisation bildete eine Privatoffenbarung an Rozalina Celakowa (1901–1944). Sie hatte eine Vision, in der Jesus ihr die Mission seiner Inthronisation als König aller Völker, beginnend mit Polen, anvertraute. Selbst innerhalb der katholischen Kirche ist das kein unumstrittener Akt. Befürworter berufen sich auf die „Taufe Polens" 966 n. Chr., wodurch Land und Leute „der Herrschaft Christi unterworfen" und Polen zu einem „christlichen Staat" geworden sei. Auch erinnern sie an die bereits 1656 erfolgte Ausrufung durch König Johann II. Kasimir von Maria zur polnischen Königin. Bis heute wird Maria landesweit in jeder Messe als polnische Königin angesprochen.

Die Befürworter dieser Aktion wollen dadurch die Treue zu Jesus Christus bekunden und besonderen Schutz erbitten. Die katholische Identität soll so auch in Staats- und Regierungsämtern nicht verleugnet werden.

---

33 Die Informationen stammen größtenteils aus den Wikipedia-Artikeln zu Polen und Christus-König-Statue:
https://de.wikipedia.org/wiki/Christus-K%C3%B6nig-Statue_(%C5%9Awiebodzin)
https://de.wikipedia.org/wiki/Polen.

In der katholischen Kirche ist die Ernennung Jesu zum „König von Polen“ höchst umstritten. Es wurden bereits Priester suspendiert, die massiv für die Inthronisation Jesu zum König von Polen geworben haben. Die Trennung von Kirche und Staat soll gewahrt bleiben, so ein Argument. Es wird vor politischer Instrumentalisierung Christi gewarnt und auf die Bibelstelle Joh 18,36 hingewiesen, in der Jesus von sich selbst sagt: „Mein Reich ist nicht von dieser Welt.“[34]

In einem Hirtenbrief des polnischen Episkopats zur „Königsherrschaft Jesu Christi“ heißt es dazu am Schluss: „Seit dem Moment der Ankunft Christi verwirklicht sich in der Welt das Reich Gottes. Dieses hat nichts gemein mit irgendwelchen Formen menschlicher Herrschaft in der Welt. [...] Zu denken, es genüge, Christus als den König Polens auszurufen, und alles wendet sich zum Besseren, muss man für das Verständnis und die Verwirklichung der Erlösung Christi in der Welt für illusorisch, ja geradezu für schädlich erachten.“[35]

ERWEITERUNG / POLEN KIRCHE

Fußläufig (ca. 10 Minuten) von der Christus-König-Statue entfernt ist die römisch-katholische Kirche von Swiebodzin Divine Mercy. Ein Besuch dort sollte sich unbedingt anschließen.

Es ist eine recht neue, moderne katholische Kirche, aber nichtsdestotrotz sehr prunkvoll ausgestattet. In dieser Kirche findet sich alles, was eine katholische Kirche von einer evangelischen Kirche unterscheidet. Dies kann gewinnbringend in authentischer Art und Weise mit den Jugendlichen und deren Familien besprochen werden (Marienaltar, Ewiges Licht, Beichtstuhl, viele und reich geschmückte Bilder ...).

Sowohl interreligiöse als auch interkulturelle Gemeinsamkeiten und Unterschiede werden hier erkannt und erlebbar.

---

34 Vgl. Lutherbibel 2017.

35 http://www.imprimatur-trier.de/2016/Imprimatur-2016-02_7.pdf (gelesen 29.12.2017).
Artikel von Mechtenberg, Theo: Streit in der polnischen Kirche um die Inthronisation Jesu Christi (2016).

PAUSE / GEMEINSAMES PICKNICK

Für diesen Konfitag sollten die Jugendlichen und Familien selbst Essen mitbringen. Hier ist Zeit und Raum, auf den Tag zurückzuschauen und mögliche Fragen in der Gruppe zu klären.

ZUSAMMENFASSUNG/REFLEXION

In den Autogruppen auf der Rückfahrt wird die Leitfrage diskutiert: „Was würde es bedeuten, wenn Jesus König von Deutschland wäre?"

Durch diese Frage können alle das Erlebte und Erlernte vom Tag aus Polen auf Deutschland übertragen, erkennen aber auch die unterschiedlichen Voraussetzungen. Sie können ihre eigene Meinung äußern, den eigenen Standpunkt reflektieren und sprachfähig werden in kultureller und religiöser Diskussion. Da es eine hypothetische Frage ist, gibt es kein Richtig oder Falsch, und die Frage regt zu lebhaften Diskussionen an.

Spannend für die Konfis ist hier auch die Meinung von Erwachsenen, z. B. der eigenen Eltern.

Das Thema Jesus Christus zieht sich über die ganze Konfizeit hin und ist natürlich nicht an einem Tag abzuschließen. Die Eindrücke des Tages sprechen zunächst für sich, bleiben im Gedächtnis und werden mit den anderen Geschichten und Bildern von Jesus, die in der Konfizeit dazukommen, ergänzt und erweitert.

FÜR ZEITSPARER ARBEITSBLATT 1

JESUS ALS LEHRER

Bibel: Matthäus 5,1.2 „Als Jesus die Menschenmenge sah, stieg er auf einen Berg und setzte sich. Seine Jünger traten zu ihm. Dann begann er zu reden und lehrte sie, was Gott jetzt von seinem Volk verlangt."[36]

Bibel: Markus 12,29–32 „Jesus sagte: ‚Das wichtigste Gebot ist dieses: Höre Israel. Der Herr ist unser Gott, der Herr und sonst keiner. Darum liebt ihn von ganzem Herzen und mit ganzem Willen, mit ganzem Verstand und mit aller Kraft. Das zweite ist: Liebe deine Mitmenschen wie dich selbst! Es gibt kein Gebot, das wichtiger ist als diese beiden.'"

Bibel: Matthäus 4,21 „Jesus zog durch ganz Galiläa. Er lehrte in den Synagogen und verkündete die Gute Nachricht, dass Gott jetzt seine Herrschaft aufrichten und sein Werk vollenden wird. Er heilte alle Krankheiten und Leiden im Volk. Die Kunde von ihm verbreitete sich sogar in ganz Syrien.'"

Bibel: Markus 1,38.39 „Jesus antwortete: ‚Wir wollen jetzt weitergehen, in die umliegenden Dörfer. Ich muss dort die Gute Nachricht verkünden, denn dazu bin ich gekommen.' So zog Jesus durch ganz Galiläa, verkündete in den Synagogen die Gute Nachricht und trieb die bösen Geister aus."

Kommt bitte im Auto über folgende Fragen ins Gespräch:
1) Was macht für dich einen guten Lehrer aus?
2) Was unterscheidet Jesus von anderen Lehrern?
3) Was, glaubst du, hat Jesus gelehrt?

---

36 Sämtliche Bibelstellen dieser 4 Arbeitsblätter sind zitiert nach der „Guten Nachricht Bibel" von 1997.

4) Würdest du einem Lehrer wie Jesus (ohne Schule, ohne Geld) folgen? Wenn ja, warum?
5) Gilt die Lehre von Jesus auch uns heute? Was sagt Jesus uns, was sollen wir machen?

ARBEITSBLATT 2

JESUS ALS HEILER

Bibel: Johannes 9,1–7 „Im Vorbeigehen sah Jesus einen Mann, der von Geburt an blind war. Die Jünger fragten Jesus: ‚Rabbi, wer ist schuld, dass er blind geboren wurde? Wer hat hier gesündigt, er selber oder seine Eltern?' Jesus antwortete: ‚Weder er ist schuld noch seine Eltern. Er ist blind, damit Gottes Macht an ihm sichtbar wird. Solange es Tag ist, müssen wir die Taten Gottes vollbringen, der mich gesandt hat. Es kommt eine Nacht, in der niemand mehr wirken kann. Solange ich in der Welt bin, bin ich das Licht der Welt.' Als Jesus dies gesagt hatte, spuckte er auf den Boden und rührte einen Brei auf die Augen des Mannes und befahl ihm: ‚Geh zum Teich Schiloach und wasche dir das Gesicht.' Schiloach bedeutet: der Gesandte. Der Mann ging dorthin und wusch sein Gesicht. Als er zurückkam, konnte er sehen."

Bibel: Lukas 4,16–20 „Am Sabbat ging er wie immer in die Synagoge. Er stand auf, um aus den Heiligen Schriften vorzulesen, und der Synagogendiener brachte ihm eine Buchrolle mit den Worten des Propheten Jesaja. Jesus rollte sie auf und wählte die Stelle aus, an der es heißt: ‚Der Geist des Herrn hat von mir Besitz ergriffen, weil der Herr mich gesalbt und bevollmächtigt hat. Er hat mich gesandt, den Armen gute Nachricht zu bringen, den Gefangenen zu verkünden, dass sie frei sein sollen, und den Blinden, dass sie sehen werden. Den Misshandelten soll ich Freiheit bringen, und das Jahr ausrufen, in dem der Herr sich dem Volk gnädig zuwendet.' Jesus rollte das Buch wieder zusammen, gab es dem Synagogendiener zurück und setzte sich. Alle in der Synagoge blickten gespannt auf ihn. Er begann und sagte: ‚Heute, da ihr dieses Prophetenwort aus meinem Mund hört, ist es unter euch in Erfüllung gegangen.' Alle spendeten seiner Rede Beifall und staunten über die Botschaft von Gottes rettender Gnade."

Bibel: Johannes 20,30.31 „Jesus tat vor den Augen seiner Jünger noch viele andere Wunderzeichen, die nicht in diesem Buch stehen. Was aber in diesem Buch steht, wurde aufgeschrieben, damit ihr festbleibt in dem Glauben, dass Jesus der versprochene Retter ist, der Sohn Gottes. Wenn ihr das tut, habt ihr durch ihn das Leben."

Kommt bitte im Auto über folgende Fragen ins Gespräch:

1) Lest den Text aus Johannes 9 noch einmal und überlegt gemeinsam, wie die Geschichte weitergeht. Was könnte der Geheilte sagen? Was könnte Jesus sagen? Was könnten die umstehenden Leute und Jünger sagen?
2) Was, denkst du, will Jesus mit der Heilung des Blinden ausdrücken? Hat diese Heilung noch eine tiefere Botschaft als nur die Heilung an sich? Welche wäre das?
3) In den Heilungen vollbringt Jesus Wunder. Überlege ob es heute auch noch Wunder gibt? Wenn ja, welche? Und haben diese Wunder eine Botschaft / einen Sinn?
4) Was ist eigentlich ein Wunder? Überlegt, was für euch ein Wunder ist.

ARBEITSBLATT 3

JESUS ALS KÖNIG

Bibel: Lukas 1,32 (Der Engel spricht zur schwangeren Maria, dass ihr Sohn, Jesus, ein großer König wird). „Er wird groß sein und wird ‚Sohn des Höchsten' genannt werden. Gott, der Herr, wird ihn auf den Thron seines Ahnherrn David erheben, und er wird für immer über die Nachkommen Jakobs regieren. Seine Herrschaft wird nie zu Ende gehen."

Bibel: Johannes 12,12–14 „Am nächsten Tag hörte die große Menge, die zum Pessafest gekommen war, Jesus sei auf dem Weg nach Jerusalem. Da nahmen sie Palmenzweige, zogen ihm entgegen vor die Stadt und riefen laut: ‚Gepriesen sei Gott! Heil dem, der in seinem Auftrag kommt. Heil dem König von Israel.'"

Bibel: Johannes 18,33–37 „Pilatus ging in den Palast zurück und ließ Jesus vorführen: ‚Bist du der König der Juden?', fragte er ihn. Jesus antwortete (…) ‚Mein Königtum ist nicht von dieser Welt. Sonst hätten meine Leute dafür gekämpft, dass ich den Juden nicht in die Hände falle. Nein, mein Königtum ist von ganz anderer Art!' Pilatus fragte ihn: ‚Du bist also doch ein König?' Jesus antwortet: ‚Ja, ich bin ein König. Ich wurde geboren und bin in die Welt gekommen, um die Wahrheit offenbar zu machen und als Zeuge für sie einzutreten. Wem es um die Wahrheit geht, der hört auf mich.'"

Kommt bitte im Auto über folgende Fragen ins Gespräch:

1) Schau in den Text von Johannes 18 und überlege, was Jesus meint mit „mein Königtum ist nicht von dieser Welt".
2) Was macht das Königreich Jesu aus, was unterscheidet es von anderen Königreichen, oder ist es eines von vielen?
3) Könntest du dir heute Jesus als König vorstellen, was wäre dann anders?

4) Siehst du Schwierigkeiten, die auftreten könnten, wenn Jesus als König über die ganze Welt ausgerufen wird?

ARBEITSBLATT 4

JESUS ALS GUTER HIRTE

Bibel: Johannes 10,11–15 „Ich bin der gute Hirt. Ein guter Hirt ist bereit, für seine Schafe zu sterben. Einer, dem die Schafe nicht selbst gehören, ist kein richtiger Hirt. Darum lässt er sie im Stich, wenn er den Wolf kommen sieht, und läuft davon. Dann stürzt sich der Wolf auf die Schafe und jagt die Herde auseinander. Wer die Schafe nur gegen Lohn hütet, läuft davon; denn die Schafe sind ihm gleichgültig. Ich bin der gute Hirt. Ich kenne meine Schafe und sie kennen mich, so wie der Vater mich kennt und ich ihn kenne. Ich bin bereit, für die Schafe zu sterben."

Bibel: Lukas 15,4–6„Stellt euch vor, einer von euch hat hundert Schafe und eines davon verläuft sich. Lässt er denn nicht die neunundneunzig allein in der Steppe weitergrasen und sucht das verlorene so lange, bis er es findet? Und wenn er es gefunden hat, dann freut er sich, nimmt es auf die Schultern und trägt es nach Hause. Dort ruft er seine Freunde und Nachbarn zusammen und sagt zu ihnen: Freut euch mit mir, ich habe mein verlorenes Schaf wiedergefunden!"

Bibel: Matthäus 9,35–37 „Jesus zog durch alle Städte und Dörfer. Er lehrte in den Synagogen und verkündete die Gute Nachricht, dass Gott jetzt seine Herrschaft aufrichtet und sein Werk vollendet. Er heilte alle Kranken und Leidenden. Als er die vielen Menschen sah, ergriff ihn das Mitleid, denn sie waren so hilflos und erschöpft wie Schafe, die keinen Hirten haben. Darum sagte er zu seinen Jüngern: „Hier wartet eine reiche Ernte, aber es gibt nicht genug Menschen, die helfen, sie einzubringen. Bittet den Herrn, dem diese Ernte gehört, dass er die nötigen Leute schickt."

Kommt bitte im Auto über folgende Fragen ins Gespräch:
1) Was macht einen guten Hirten für dich aus?
2) Wieso wurde Jesus mit einem Hirten verglichen?
3) Was, denkst du, meint Jesus mit seiner Aussage in der Bibelstelle bei Matthäus 9, dass reiche Ernte wartet und es nicht genug Menschen gibt, diese einzubringen? Wer ist hier gemeint?
4) Wenn du heute eine Person auswählen müsstest, die am ehesten in die Rolle des guten Hirten passt, welche würdest du nehmen, und warum?

ARBEITSBLATT 5 (MIT ANTWORTEN)

DIE CHRISTUS-KÖNIG-STATUE[37] IN SWIEBODZIN/ POLEN

1. Wann wurde die Statue gebaut und von wem, wieso?[38]

- Ideengeber und Initiator dieser Christus-König-Statue war Pater Sylwester Zawadski. Der Pater hatte um die Jahrtausendwende einen „inneren Ruf" gehört (Jesus hat zu ihm gesprochen), dass er solch eine Christus-Königs-Statue in Polen bauen soll. Sie soll symbolisch die Anerkennung Christi als König darstellen – über Polen – und über die Welt.
- Entworfen hat sie der polnische Bildhauer Mirosław Kazimierz Patecki
- Die Statue wurde am 6.11.2010 fertiggestellt und am 21.11.2010 vom Bischof von Zielona Góra-Gorzó, während einer Heiligen Messe eingeweiht.

---

37 vgl. http://www.figurachrystusakrola.pl/ und https://de.wikipedia.org/wiki/Christus-K%C3%B6nig-Statue_(%C5%9Awiebodzin) (gelesen 28.11.2017).

38 Auf dem Arbeitsblatt der Jugendlichen stehen die Antworten nicht drauf.

2. Wie hoch ist die Statue, und hat die Höhe eine Bedeutung?

- Die Statue ist 33 Meter hoch und symbolisiert damit die 33 Lebensjahre Jesu. Auf dem 15 Tonnen schweren und 4,5 Meter großen Kopf befindet sich eine 3 Meter hohe vergoldete Krone. Sie soll auf die drei Jahre seines öffentlichen Auftretens hinweisen.
- Die Blickrichtung der Christus-König-Statue ist nach Westen ausgerichtet, und der künstlich angelegte Hügel wird dabei von fünf Ringen umgeben. Diese Ringe stehen symbolisch für die erlösende Rolle Christi auf den fünf Kontinenten der Erde.

3. Was fällt euch noch Interessantes um dieses Bauwerk herum auf?

- Zu Füßen der Statue gibt es einen Kreuzweg.[39]
- Auf der Rückseite innerhalb des Hügels unter der Statue ist eine Gedenktafel. Dort ist das Herz des Pfarrers begraben. Prälat Sylwester Zawadzki hatte in seinem Testament verfügt, dass sein Herz zu Füßen der Christusstatue bestattet werden solle, denn er betrachtete die Realisierung des Monuments als sein größtes Werk. Diesen Wunsch erfüllte ihm sein Nachfolger, nachdem Zawadzki im Frühjahr 2014 verstorben war. Das Herz wurde im Beisein einiger Dutzend Gläubiger mit Pfarrer Zygmunt Zimnawodas Segen in einer Schatulle in dem Fundamenthügel bestattet.

  Das hatte allerdings gravierende Folgen, denn nach polnischem Recht dürfen Bestattungen nur auf Friedhöfen erfolgen. Das zuständige Gericht sprach den Pfarrer einer Ordnungswidrigkeit ohne weitere Strafe schuldig. Gegen die beiden Ärzte, die das Herz

---

39 Es gibt an der Statue keine weiteren Informationen über diesen Kreuzweg, auch ist er nicht sonderlich spektakulär im Vergleich zu der Christus-Statue. Dennoch sollte mit den Jugendlichen über Kreuzwege an dieser Stelle kurz gesprochen werden. Kreuzwege sind Wallfahrtswege der römisch-katholischen Kirche, die dem Leidensweg Jesu Christi nachfolgen. Die einzelnen Stationen dieses Weges sind meist als Bilderzyklus dargestellt. Es gibt Kreuzwege mit 7–14 oder 15 Stationen, in denen die Leidensgeschichte Jesu, beginnend mit seiner Verurteilung zum Tode und endend mit seiner Auferstehung, dargestellt wird.

entnommen hatten, läuft ein Strafverfahren, der Leiter der Klinik verzichtete freiwillig auf seinen Posten.

4. Welche Jesusbilder fallen euch noch ein, außer Jesus als König?

Jesus als Lehrer; Jesus als Heiler; Jesus als Hirte; Jesus als ... (hier kommen die Arbeitsblätter 1–4 und die Vorarbeit aus den Autogruppen ins Gespräch/ Vortrag).

5. Werdet selbst kreativ

5a) Wenn die Statue eine Sprechblase, wie im Comic hätte, was würde sie sagen?

5b) Stell dir vor, du arbeitest in der Werbung und sollst für den Besuch dieser Statue werben. Mache mit deinem Handy ein Foto dieser Statue und überlege dir einen witzigen und eingängigen Werbeslogan. Schicke das Ergebnis in die Konfi-WhatsApp-Gruppe.

5c) Wenn du eine Christus-König-Statue bauen würdest, was würdest du anders machen, und wieso?

WEITER GEDACHT

Dieser Tag ist bewusst als Konfi-Elterntag geplant. Die Eltern lernen die Konfiarbeit kennen, sie erleben ihr Kind als Teil einer Gruppe, und besonders bereichernd für Eltern und Jugendliche sind die theologischen Gespräche, die während dieses Tages entstehen können.

Es gibt auch Eltern, die wenig bis gar nicht christlich vorgeprägt sind. Für diese sind solche Ausflüge eine gute Gelegenheit, sich mit dem christlichen Glauben auf eine einfache Art einzulassen und zu sehen, was passiert.

Die Grundidee dieses Konfitages bietet vielerlei Übertragungsmöglichkeiten in andere Richtungen.

Wenn die Voraussetzung örtlich nicht gegeben sind, einen Tagesausflug nach Polen zur Christus-König-Statue zu machen, bietet es sich wunderbar an, ein Konfiwochenende oder Familienwochenende in Hirschluch (Evangelische Jugend- und Begegnungsstätte Hirschluch oder ins CVJM Camp Wolfswinkel – beides in Storkow) zu dem Thema „Jesus" zu machen. Von Hirschluch aus ist die Statue in 1½ Stunden gut zu erreichen.

Selbstverständlich ist dieses Konzept auf regionale Jesusdarstellungen übertragbar. Im Vergleich mehrerer Orte und unterschiedlicher Christusdarstellungen (vgl. 4.1) kann das Thema theologisch noch wesentlich tiefgründiger betrachtet werden.

Der Ausflug zur Christus-König-Statue in Polen kann gut als Gemeindeausflug gestaltet werden.

Ein Gottesdienst von den Konfis gestaltet, zum Thema „Unterschiedliche Bilder Jesu" (z. B. als Vorstellungsgottesdienst). So wird auch der Gemeinde sehr deutlich bewusst, in wie vielen Bildern Jesus Christus uns begegnet.

Ein Gemeindebriefartikel über die Fahrt, von Konfis geschrieben, lässt die Gemeinde auch an diesem Thema teilhaben.

WEITERE MÖGLICHE EXKURSIONSORTE ZU CHRISTUSDARSTELLUNGEN

Der Entwurf „Jesus ist King and Lord of all" arbeitet mit der Darstellung von Christus als König.

Daneben gibt es noch andere spannende und theologisch hochinteressante, teilweise auch umstrittene Christusbilder, die man sehr gut mit den Konfis und in diesem Fall ihren Eltern besuchen, betrachten und auswerten kann.

Die ausgearbeiteten Arbeitsblätter zu den vier Rollen Christi (Hirte, Lehrer, Heiler, König) können als Fundament dienen und dann in Bezug zu der regionalen Christusdarstellung gesetzt werden.

Natürlich kann man unten angegebene Christusbilder ausdrucken und gemeinsam betrachten, aber gerade der gemeinsame Besuch mit den Eltern der Konfis macht das Thema erlebbar und besonders.

Mögliche Ziele zu weiteren Christusdarstellungen können sein:

Neukirchen, Schleswig-Holstein:

- „Das Leben Christi“ 9-teiliger Zyklus von Emil Nolde, Museum der Nolde Stiftung Seebüll

Berlin:

- Christus in der Kaiser-Wilhelm-Gedächtnis-Kirche von Karl Hemmeter
- Der vom Kreuz steigende Christus von Fritz Cremer in der Franziskanerkloster-Ruine in Mitte

Kevelaer:

- Der Christus von Kevelaer von Werner Habig

Marl (Westfalen):

- „Tanzender Christus“ von Friedhelm Schmidt (Dazu passend das Lied aus dem Gesangbuch: Singt Jubilate = Ich tanzte im Himmel SJ 103)

Hameln:

- Marktkirche, Jesusdarstellungen, Jesus als Weltenrichter mit zwei Schwertern im Mund und Jesus als Segnender

Mainz St. Quentin-Kirche:

- „Der lächelnde Christus am Kreuz“

Stuttgart:

- Staatsgalerie, Josef Beuys' „Kreuzigung“, 1962/65 Montage aus Holz, Zeitungspapier, Nagel, Draht, Nähgarn und Flaschen
- Schutzmantelchristus in der Stuttgarter Stiftskirche

Hildesheim:

- Christussäule im Hildesheimer Dom

Colmar (Frankreich):

- Isenheimer Altar

Ist ein Ausflug nicht möglich, kann mit den Konfis auch eine Christusdarstellung vor Ort (in der eigenen Kirche) betrachtet werden, mit folgenden Aufgaben und Fragestellungen:

- Sucht in unserer Kirche Christus-/Jesusdarstellungen.
- Was macht unseren Christus aus, wie ist er dargestellt?
- Was denkt ihr, warum Christus hier so dargestellt wurde?
- Wenn dieses Christusbild lebendig werden würde, was könnten wir ihm in unserer Gemeinde zeigen?
- Was würde Christus tun?
- Was würde sich in unserer Gemeinde dann ändern?

#12

ABENDMAHL

MIT JESUS AN EINEM TISCH

AUF EINEN BLICK

Das Abendmahl ist eines der beiden Sakramente in der evangelischen Kirche. Es ist theologisch äußerst vielschichtig und nach wie vor einer der Trennungsgründe in der Ökumene.

Was das Abendmahl für den einzelnen Christen bedeutet, lässt sich nicht auf einen Satz reduzieren, und das macht es schwer, den Konfis seine genaue Bedeutung zu vermitteln. Die theologische Vielschichtigkeit des Abendmahls spiegelt sich auch in diesem Entwurf wider, der das Abendmahl von verschiedenen Seiten betrachtet (praktisch/liturgisch/theologisch/persönlich). Am Ende steht die eigene vorläufige Reflexion.

Im Abendmahl feiern die Christen Gemeinschaft mit Jesus Christus. Sie feiern, dass Jesus Christus auferstanden ist und bei ihnen ist. Das Abendmahl ist eine Stärkung auf dem Lebens- und Glaubensweg jedes einzelnen Christen.

Das Abendmahl geht zurück auf die biblische Einsetzung Jesu bei seinem letzten Mahl, als er zu seinen Jüngern sagte: „Das tut zu meinem Gedächtnis" (1.Kor 11,24). Bereits in der Urgemeinde gehörte das Brotbrechen zum unverkennbaren Teil einer christlichen Gemeinschaft, eines Gottesdienstes (vgl. Apg 2,42). Innerevangelisch unterscheidet sich das Verständnis des Abendmahls zwar theologisch, hindert aber nicht daran, in allen evangelischen Kirchen Abendmahlsgemeinschaft zu haben.[40]

Die **lutherische Theologie** geht von der Realpräsenz Christi im Abendmahl aus. Das bedeutet, dass durch die Konsekration des Pfarrers die Gemeinde beim Empfangen des Abendmahls unter den Elementen Brot und Wein wirklich und wahrhaftig Leib und Blut Christi zu sich nimmt zur Vergebung der Sünden (vgl. Luthers Kleiner Katechismus).

Für die **reformierte Theologie** sind die Elemente Brot und Wein Symbole, Zeichen für eine geistliche Realpräsenz Christi in Wort und Glauben, ohne Wandlung der Elemente. Der Abendmahlstisch ist explizit kein Altar, um sich besonders vom katholischen Verständnis eines unblutigen Opfers abzugrenzen.

Vor nicht langer Zeit war es noch in allen evangelischen Kirchen üblich, dass Jugendliche erst mit der Konfirmation Zugang zum Abendmahl bekamen. Seit einigen Jahren laden immer mehr Gemeinden auch Kinder zum Abendmahl ein (so auch in unserer Gemeinde). Dennoch werden die wenigsten Konfis das Abendmahl bereits (oft) empfangen haben. Um es nun den Jugendlichen nahezubringen, wird es an diesem Konfitag auch gemeinsam gefeiert.

---

40 Allerdings erst seit der Leuenberger Konkordie 1973.

VERLAUFSPLANUNG

Phase	Inhalt	Medien
Beginn und Erarbeitung 1	– Einführung Abendmahl: offenes Gespräch – Bibeltext Mt 26,17–30 – Power Point-Vortrag zum Bild „Das letzte Abendmahl“ von Leonardo da Vinci	– Bibel – Power Point
Erweiterung 1	Bild von Leonardo da Vinci nachstellen und fotografieren	Verkleidung, Tisch, Deko, Kamera
Erarbeitung 2	– Verschiedene theologische Begriffe zum Abendmahl werden von den Konfis bearbeitet und vorgestellt – Abendmahlsliturgie besprechen und einüben	– Internet, Theologisches Wörterbuch, Flipchart, Blätter, Stifte
Erweiterung 3	Kreativteil in 3 Gruppen 1) Brot backen 2) Tisch aus Holz bauen 3) Bild weiter übertragen	– Backutensilien und Zubehör – Holzwerkzeug
Reflexion	Abendmahl ist für mich …	Blätter, Stifte
Abschlussandacht	Abendmahl gemeinsam halten	Abendmahlsutensilien

PASSENDE LIEDER ZUM THEMA

- Ich bin das Brot, lade euch ein (SJ 61)
- Kommt mit Gaben und Lobgesang (EG 229)
- Das sollt ihr Jesu Jünger nie vergessen (EG 221)
- Kommt, sagt es allen weiter (EG 225)
- Water you turned into wine (FJ 4)

BEGINN/EINSTIEG

Der Einstieg in das Thema „Abendmahl" geschieht durch ein offenes Gespräch: Wer hat von den Konfis schon einmal am Abendmahl teilgenommen, was passiert beim Abendmahl, was wissen die Konfis über das Abendmahl, über den Ablauf und die Bedeutung?

Die Ergebnisse werden zur Sicherung und Visualisierung in Stichpunkten mitgeschrieben.

Der Bibeltext Mt 26,17–30 wird gelesen. Interessant ist es, wenn der Text von mehreren Personen in verteilten Rollen vorgelesen wird (z. B. von Teamer*innen).

Genau diese Szene setzte der Maler Leonardo da Vinci in seinem berühmten Gemälde „Das letzte Abendmahl" um.

Genauer gesagt den Vers 21: „Und als sie aßen, sprach er: Wahrlich, ich sage euch: Einer unter euch wird mich verraten."[41]

Es folgen ein Power Point-Vortrag mit Bildern zum Leonardo-Bild in kleineren Ausschnitten sowie Adaptionen dieses Bildes in Kunst und Werbung (siehe Punkt 3).

ERWEITERUNG 1

Nach dem Power Point-Vortrag und dem genauen Betrachten der einzelnen Figuren auf dem Bild werden die Jugendlichen aufgefordert, zu 13er-Gruppen zusammenzugehen. Ihre Aufgabe ist nun, das Bild von Leonardo da Vinci möglichst originalgetreu nachzustellen. Verkleidung und Requisiten werden zur Verfügung gestellt.

Die Ergebnisse der einzelnen Gruppen werden fotografiert.

---

41 Zitiert nach der Lutherübersetzung 1984.

Die Dynamik des Bildes sensibilisiert die Jugendlichen für das biblische Ereignis und die Stimmung. Das Geschehen wird ihnen auf diese Weise sehr persönlich nahegebracht, wenn sie in eine Rolle der Jünger oder in die Rolle des Jesus schlüpfen.

ERARBEITUNG 2

In einer kurzen Überleitung wird erwähnt, dass es unterschiedliche Auffassungen darüber gibt, was während des Abendmahls theologisch geschieht und was es bedeutet. Besonders die katholische und die evangelische Kirchen haben hier unterschiedliche Auffassungen und können deshalb nicht gemeinsam Abendmahl feiern.

Die Jugendlichen erarbeiten sich die verschiedenen Bedeutungen nun selbst anhand von theologischen Fachbegriffen, die sie anschließend der Gruppe präsentieren sollen.

Zu zweit oder dritt bekommen sie einen Begriff, der theologisch zum Abendmahl gehört. Ihre Aufgabe ist es nun, herauszubekommen, was dieser Begriff ausdrückt, und dieses dann der Gruppe zu erklären. Die Informationen zu ihrem Begriff können sie sich über das Internet besorgen (Handy) oder aus theologischen Wörterbüchern, die ausliegen, oder im Gespräch mit Teamer*innen und Pfarrpersonen erfahren. Die Erklärung soll möglichst kurz gehalten werden, damit sich alle auf das Wichtigste fokussieren können.

FOLGENDE BEGRIFFE SIND MÖGLICH:[42]

Pessachfest

Das Judentum gedenkt, im einwöchigen Pessach, Israels Auszug aus Ägypten und feiert ihn.
Auch Jesus feierte wohl am Vorabend seiner Kreuzigung das letzte Abendmahl als Sedermahl zum Pessachfest.

---

42 Die kurze Erklärung ist nicht in dem Material für die Jugendlichen.

Einsetzungsworte
1. Korinther 11,23–25

Abendmahlskelch und Wein
Der eine Kelch symbolisiert, dass die Gemeinschaft mit den Leiden Jesu mitfühlt. Der eine Kelch steht für Gemeinschaft und Geschwisterlichkeit. Er steht auch für Reinigung. Mittelalterlichen Sagen nach wurde Christi Blut im „Heiligen Gral" aufgefangen.

Beim Wein wurde zunächst nur Rotwein verwendet, da dieser gut zur Symbolisierung des Blutes Christi passte. In der Katholischen Kirche ist es kaum üblich, mit Most oder Saft Abendmahl zu feiern. In der Evangelischen Kirche wird in zahlreichen Gemeinden aus Rücksicht auf alkoholkranke Menschen und Kinder Traubensaft verwendet.

Hostie (lat. Opfer)/Oblate (lat. dargebracht) / Brot
Die Hostie wird während der Abendmahlsworte durch den Priester in der römisch-katholischen Messe zum Leib Christi gewandelt. Die Hostie ist eine dünne, flache, runde, ungesäuerte Brotscheibe. Hostien (auch Oblaten genannt) zu verwenden statt Brot hat auch praktische Gründe: Oblaten schimmeln nicht; Oblaten, die nach dem Hochgebet nicht verzehrt wurden, dürfen bei den Katholiken nicht entsorgt oder wieder eingepackt werden. Sie bleiben gewandelt zum Leib Christi und werden in ein „Tabernakel" gelegt, bis zum nächsten Abendmahl.

Tabernakel / Ewiges Licht (lat. Hütte oder Zelt)
Bezeichnet in der Katholischen Kirche den Aufbewahrungsort der „gewandelten" Hostien. Es ist ein Ort der stillen Anbetung. Das ewige Licht ist eine Leuchte, die immer brennt und den Standort des Tabernakels anzeigt, in dem die gewandelten Hostien aufbewahrt werden. Tabernakel und Ewiges Licht finden sich nicht in einer Evangelischen Kirche.

Worum geht es im Abendmahlsstreit?
In vielen Abendmahlsstreitigkeiten durch die Jahrhunderte hinweg ging es v. a. um die Frage, ob und in welcher Form Jesus Christus in den Elementen Brot und Wein beim Abendmahl gegenwärtig ist (real, verwandelt oder symbolisch).

Eucharistie (griech. Danksagung),
auch Abendmahl oder Kommunion.
Biblisch das letzte Mahl Jesu mit seinen Jüngern vor seinem Tod.
Es wird unterschiedlich interpretiert, es fallen auch mehrere Punkte zusammen:
a) unblutige Vergegenwärtigung des Kreuzesopfers
b) Feier zur Erinnerung an Jesu Tod
c) Verkündigung des Sterbens und Auferstehung Jesu als Heilsereignis Jesus Christus ist dabei gegenwärtig

Transsubstantiationslehre (Wesensverwandlung)
Römisch-katholische Lehre: Die Wandlung von Brot und Wein in Leib und Blut Jesu Christi während der Heiligen Messe beim Abendmahl. Während der Wandlungsworte werden Brot und Wein dauerhaft gewandelt.

Realpräsenz/Konsubstantiation
Realpräsenz bedeutet, dass in der Substanz von Brot und Wein Jesus Christus mit seinem Leib und seinem Blut real gegenwärtig ist. Dabei bleiben die Bestandteile von Brot und Wein erhalten.

Beim Vortragen vor der Gruppe ist es gut, die oben genannte Reihenfolge einzuhalten. So stehen Begriffe, die zusammengehören und aufeinander aufbauen, zusammen.

Nachdem die Kleingruppen kurz ihre theologischen Begriffe zum Abendmahl erklärt haben und auf eventuelle Nachfragen eingegangen wurde, wird zum letzten Teil des Vormittags übergeleitet, zur Liturgie des Abendmahls (siehe AB 2).

Die Liturgiezettel werden ausgeteilt, den Konfis erklärt und gemeinsam eingeübt, auch das liturgische Singen.

Nach der Mittagspause können sich die Konfis nun einen Workshop aussuchen, der einen Aspekt des Abendmahls praktisch vertieft. In unserem Modell haben sich drei Angebote bewährt:

1) Aus Naturmaterialien (Holz) wird ein Abendmahlstisch gebaut.
2) Es wird zusammen Abendmahlsbrot gebacken.
3) Arbeitsauftrag: „Übertrage das Bild von Leonardo da Vinci in einen neuen, von dir gewählten Bereich.
   Welche Beziehungen haben die Menschen untereinander, was ist die Aussage deines Bildes, welchen Bereich würdest du wählen?“[43]

REFLEXION

Vor der Abschlussandacht sollte resümierend von den Konfis festgehalten werden: „Abendmahl ist für mich …“. Die Jugendlichen bekommen einen kleinen Zettel und Stifte und schreiben den Satz für sich zu Ende. Die Ergebnisse werden an eine Wand im Gemeindehaus oder auf ein großes Plakat geklebt. Es wird gemeinsam betrachtet, und die Vielfalt der individuellen Antworten nebeneinander wird gewürdigt.

GEMEINSAME ABSCHLUSSANDACHT MIT FEIER DES ABENDMAHLS

Am Ende des Konfitages wird auf dem selbstgebauten Abendmahlstisch mit dem selbstgebackenen Abendmahlsbrot gemeinsam das Abendmahl gefeiert.

---

43 Diese Aufgabe ist schwieriger, aber durch den vorangegangenen Power Point-Vortrag, indem bereits Übertragungen dieses Bildes mit den Jugendlichen betrachtet wurden, wissen Sie, in welche Richtungen gedacht werden kann.

FÜR ZEITSPARER

KURZINFORMATIONEN ZUM BILD „DAS LETZTE ABENDMAHL“ VON LEONARDO DA VINCI:[44]

Leonardo da Vinci (1452–1519 in Italien) schuf dieses Bild als Wandgemälde in den Jahren 1494–1497 im Speisesaal eines Dominikanerklosters in Mailand (Santa Maria delle Gracie), wo es immer noch an der Wand zu sehen ist. Es ist 4,22 mal 9,04 Meter lang und zeigt Jesus und seine zwölf Jünger bei ihrem letzten gemeinsamen Mahl (Mt 26). Die Szene, die gezeigt wird, ist das unmittelbare Entsetzen darüber, dass Jesus zu seinen Jüngern sagt: „Einer von euch wird mich verraten.“ Die Gespräche unter den Jüngern beginnen und sind im Bild festgehalten.

Da die Jugendlichen dieses Bild nachstellen sollen, ist es wichtig, sich vorher die einzelnen Figuren genau anzusehen, sowohl ihre farblichen Umhänge als auch besonders ihre Gesten. Am besten gelingt das mit einer Vergrößerung in Dreiergruppen der dargestellten Jünger.

44 Der Power Point-Vortrag arbeitet neben dem da Vinci-Bild mit einem Bild zu Leonardo da Vinci sowie der Kapelle, in der das Bild zu sehen ist. Weiter dann hauptsächlich mit einer Vielzahl von Nachahmungen dieses Bildes, die im Internet gut zu finden sind. Einmal z. B. mit berühmten Schauspielern, einmal mit Gummibärchen, einmal mit Figuren aus dem Film „Herr der Ringe“ …

Von links nach rechts:

- Bartholomäus: Stützt sich empört über Jesu Aussage auf den Tisch.
- Jakobus: Scheint vor Schreck starr zu sein.
- Andreas: Vollzieht eine abwehrende Geste, die sagt: „Ich nicht, Herr!"
- Petrus: Legt seine Hand auf Johannes' Schulter und blickt zu ihm.
- Judas: Der Verräter sitzt im Halbschatten und hat die tiefste Position im Bild. Ist erkennbar am Geldsack (für den Verrat) in der Hand.
- Johannes: Sitzt zur rechten Seite Jesu (sein Lieblingsjünger?). Einige Interpreten denken, hier säße Maria Magdalena, da die Figur recht weiblich aussieht und in Ansätzen auch eine Brust erkennbar ist.
- Jesus: Zentrum des Bildes, scheint auf seine nach oben gedrehten Hände zu blicken.
- Thomas: (ungläubiger Thomas) zweifelt später an der Auferstehung Jesu und glaubt erst, als er seinen Finger in die Wunden von Jesus legt. Deshalb vielleicht hier der erhobene Finger, der auch sagen könnte: Wehe dem Verräter!
- Jakobus: Breitet seine Arme aus, fast als bilde er eine Barriere zu dem, was Jesus sagt.
- Philippus: Scheint tief betroffen zu sein.
- Matthäus und – Thaddäus scheinen ins Dreiergespräch mit Simon Zelotes versunken zu sein. Sie scheinen Simon zu fragen: Was sagt er? Wen meint er? Simon versucht das Gesagte zu verstehen.

Für die Bilder in der Power Point-Präsentation gibt es von diesem Werk viele Adaptionen in der Kunst, die als Bilder gezeigt werden können, z. B. von Salvador Dalí (1955), Andy Warhol, vom Modehaus Girbaud (2005) und von Renee Cox (2001) – interessant und nicht unumstritten. Auch darauf sollte eingegangen und darüber diskutiert werden. Was denken die Konfis von den zahlreichen Adaptionen dieses Bildes? Warum wird ausgerechnet dieses Bild so oft übernommen, sowohl in der Kunst als auch in der Werbung? Eine der praktischen Aufgaben dieses Tages ist es, selbst mit diesem Bild weiterzuarbeiten.

ARBEITSBLATT 2
ABENDMAHL LITURGIE[45]

PRÄFATION

L: Der Herr sei mit euch

G: und mit deinem Geiste.

L: Erhebet eure Herzen!

G: Wir erheben sie zum Herren. (dabei: G steht auf)

L: Lasset uns Dank sagen dem Herren, unserem Gotte.

G: Das ist würdig und recht.

PRÄFATIONSGEBET

L: Wahrhaft würdig und recht ist, dass wir dich, ewiger Gott, immer und überall loben und dir danken durch unseren Herrn Jesus Christus. Ihn hast du gesandt zum Heil der Welt, durch seinen Tod haben wir Vergebung der Sünde und durch seine Auferstehung das Leben.

Darum loben die Engel deine Herrlichkeit, beten dich an die Mächte und fürchten dich alle Gewalten. Dich preisen die Kräfte des Himmels mit einhelligem Jubel, mit ihnen vereinen auch wir unsere Stimmen und bekennen ohne Ende:

SANCTUS

G: singt: Heilig, heilig, heilig ist Gott, der Herre Zebaoth: Voll sind Himmel und Erde seiner Herrlichkeit. Hosianna in der Höhe. Gelobet sei, der da kommt im Namen des Herren, Hosianna in der Höhe.

L: ABENDMAHLSGEBET 1

Gelobt seist du, Gott des Himmels und der Erde.

Du hast dich über deine Geschöpfe erbarmt und deinen Sohn Mensch werden lassen. Wir danken dir für die Erlösung, die er am

---

45 Übernommen aus dem „Evangelischen Gottesdienstbuch – Agende der EKU und VELKD“, 1999, S. 46ff. L=Liturg*in; G=Gemeinde.

Kreuz für uns vollbracht hat. Wir bitten dich: Sende auf uns herab deinen Heiligen Geist, heilige und erneuere uns nach Leib und Seele, damit wir unter diesem Brot und Wein Christi Leib und Blut zu unserem Heil empfangen, wenn wir tun, was er geboten hat:

L: EINSETZUNGSWORTE

Unser Herr Jesus Christus, in der Nacht, da er verraten ward, nahm er das Brot, dankte und brach's und gab's seinen Jüngern und sprach: Nehmet hin und esset: Das ist mein Leib, der für euch gegeben wird. Solches tut zu meinem Gedächtnis. Desgleichen nahm er auch den Kelch nach dem Abendmahl, dankte und gab ihnen den und sprach: Nehmet hin und trinket alle daraus: Das ist mein Blut des neuen Testaments, das für euch vergossen wird zur Vergebung der Sünden. Solches tut, sooft ihr's trinket, zu meinem Gedächtnis.

L+G: Vaterunser ...

FRIEDENSGRUSS

L: Christus spricht: „Den Frieden lasse ich euch, meinen Frieden gebe ich euch." (Joh 14,27a) Friede sei mit euch!

G: Friede sei mit dir!

L: Gebt auch ihr euch untereinander ein Zeichen des Friedens.

G: Friede sei mit dir! (zu den Banknachbarn)

AGNUS DEI

K+G: s. EG 190.2 (Christe, du Lamm Gottes, der du trägst die Sünd der Welt, erbarm dich unser. Christe du Lamm Gottes, der du trägst die Sünd der Welt, erbarm dich unser. Christe du Lamm Gottes, der du trägst die Sünd der Welt, gib uns deinen Frieden. Amen.)

Austeilung
Dankgebet

WEITER GEDACHT

Das Thema Abendmahl ist natürlich auch für Schulklassen und andere Gemeindegruppen interessant. In Schulklassen fast jeglichen Alters ist die Umsetzung des Bildes von Leonardo da Vinci immer ein interessanter Einstieg ins Thema Abendmahl und verhältnismäßig leicht zu bewerkstelligen.

Der Power Point-Vortrag dazu, mit der Erklärung des Bildes, und die Adaption des Bildes in unterschiedlichsten Kunstrichtungen sind sowohl für Schüler als auch für Gemeindegruppen interessant.

Die theologischen Begriffe zum Abendmahl sind in den Gemeindegruppen und der Schule sicher auch nicht allen bekannt, und die Arbeit an und mit ihnen ist bereichernd.

Die vorläufigen „Ergebnisse" der Jugendlichen auf den Zetteln, die sie anonym geschrieben haben, zu dem Ausgangssatz: „Abendmahl ist für mich ..." sind ein guter Anknüpfungspunkt zur Kommunikation mit der Gemeinde. Hieraus ließe sich z. B. ein Gemeindebriefartikel verfassen, eine Wordcloud erstellen, oder die Konfis können damit ihren Vorstellungsgottesdienst zum Thema „Abendmahl" gestalten.

#13

TAUFE

NICHT NUR WASSER!

AUF EINEN BLICK

Wer getauft ist, gehört zur „Gemeinschaft der Heiligen“[46]. Was bedeutet das?

Wir taufen, weil Jesus Christus uns selbst dazu aufgefordert hat: *„Und Jesus trat herzu, redete mit ihnen und sprach: Mir ist gegeben alle Gewalt im Himmel und auf Erden. Darum gehet hin und lehrt alle Völker: Taufet sie auf den Namen des Vaters und des Sohnes und des Heiligen Geistes und lehret sie halten alles, was ich euch befohlen habe. Und siehe, ich bin bei euch alle Tage bis an der Welt Ende.“ (Mt 28,18–20)*[47]

Die erste Taufe, die im Neuen Testament erwähnt wird, ist die Johannestaufe. Johannes der Täufer vollzog sie im Wasser des Jordan in Verbindung mit dem Bekenntnis der Sünden (u. a. Mt 3,6) als Zeichen der Umkehr (Mk 1,4). Johannes verstand sein Wirken als vorläufig, als wegbereitend, bis bald der Messias käme, der mit dem „Heiligen Geist und Feuer“ taufen werde (Mt 3,11).

Auch Jesus ließ sich von Johannes taufen (Mk 1,9f). Biblisch wird berichtet, dass die Jünger Jesu getauft haben. Dass Jesus selbst taufte, wird nicht berichtet.

---

46 Siehe das Apostolische Glaubensbekenntnis.

47 Nach der Lutherübersetzung 2017.

Im Taufbefehl nach Matthäus 28,18–20 (s. o.) ist die Taufe mit dem Empfang des Heiligen Geistes verknüpft.[48] Auch in der Apostelgeschichte sieht Petrus den Heiligen Geist als maßgebliche Gabe der Taufe an (Apg 2,38.39), die gemeinsam mit der Tauﬀormel „im Namen“ bzw. „auf den Namen“ diese konstituiert.

In den Paulusbriefen findet sich keine einheitliche Tauftheologie. So erklärt Paulus im Römerbrief (Röm 6,3ff) die Taufe als „Begrabenwerden“ und „Neuwerdung des Lebens“. Nach dieser Auffassung ist sie ein Nachvollzug des Todes und der Auferstehung Jesu. In diesem Zusammenhang wurde die Taufe in den frühen Jahrhunderten auch gerne in der Osternacht gefeiert, um das Sterben und Auferstehen Jesu zu versinnbildlichen.

Im Galaterbrief (Gal 3,26–29) zieht der getaufte Christ Christus an, empfängt so die Gotteskindschaft und wird der Verheißung teilhaftig, die an Abraham ergangen ist.

Im 1. Korintherbrief (1.Kor 12,12) werden die Christen durch einen Geist in einen Leib hineingetauft. Alle Glieder dieses Leibes haben unterschiedliche Gaben, aber einen Geist.

Die Taufe ist eines der beiden Sakramente (also ein Heils-Zeichen Gottes, eingesetzt durch Jesus Christus selbst) im evangelischen Glauben (Taufe und Abendmahl). Martin Luther formuliert im Kleinen Katechismus zur Taufe und was sie sei: „Die Taufe ist nicht allein schlicht Wasser, sondern sie ist das Wasser in Gottes Gebot gefasst und mit Gottes Wort verbunden. (…) Sie wirkt Vergebung der Sünden, erlöst vom Tod und Teufel und gibt die ewige Seligkeit allen, die es glauben, wie die Worte und Verheißung Gottes lauten.“[49]

---

48 Vgl. zum Thema „Taufe“ u. a. „Die Taufe – Eine Orientierungshilfe zu Verständnis und Praxis der Taufe in der evangelischen Kirche“. EKD, Gütersloh 2008.

49 Vgl. Der Kleine Katechismus im EG der Ekbo 1993, Nr. 806.4.

Besonders im 20. Jahrhundert tauchte vermehrt die Frage nach dem Recht der Säuglingstaufe auf bzw. die Frage, welche Bedeutung der Glaube und das eigene JA-Sagen zur Taufe bei dessen Vollzug und Wirkung besitzt. Die Alternative zur Säuglingstaufe ist die Glaubenstaufe/Erwachsenentaufe.

ARGUMENTE FÜR DIE SÄUGLINGSTAUFE SIND

Die Taufe ist reines Wirken Gottes. Ebenso ist auch das zum Glauben Kommen an Gott keine aktive Tat des Menschen, sondern kann nur empfangen werden.

Dieses passive Geschehen verbindet die Taufe mit der Passion Christi: In beiden wird von Gott das Heil geschenkt. Der Glaube ist kein Werk, sondern ein Geschenk, eine Gnadengabe.

ARGUMENTE FÜR DIE GLAUBENSTAUFE SIND

Die Taufe ist das bewusste Ja-Sagen zum christlichen Glauben und kann erst von erwachsenen Menschen völlig bewusst verstanden und empfangen werden.

Viele Freikirchen (z. B. Baptisten, Mennoniten und Wiedertäufer) bestehen auf der Glaubenstaufe und eben nicht auf der Säuglingstaufe. Es soll gerade in der Taufe bekundet werden, dass der Getaufte Christ, und somit Teil am Leib Christi, ist. Hier findet eine Identifikation statt. Sie beruht auf eigenem Willen und freier Entscheidung: eine bewusste Identifikation mit Jesus und dem Bekenntnis.

In der evangelischen und katholischen Kirche sind sowohl Kindertaufe als auch Erwachsenentaufe gängig und vollständig anerkannt.

Auch interkonfessionell wird die Taufe anerkannt, sie kann nicht wiederholt werden.

Das wesentliche Geschehen in der Taufe, die Gnadengabe Gottes, kann nicht rückgängig gemacht werden. Zwar kann man die Kirchenmitgliedschaft, die mit der Taufe beginnt, formal rückgängig machen und austreten, aber Gottes Zusage, von ihm angenommen und geliebt zu sein, kann man nicht rückgängig machen.

Zum Vollzug der Taufe gehören drei zeichenhafte Handlungen:

a) Die eigentliche Taufe mit Worten und Wasser
b) Der Täufling wird mit dem Kreuzzeichen auf der Stirn gesegnet
c) Die Entzündung der Taufkerze

Die Konfirmation ist nicht biblisch belegt (im Gegensatz zur Taufe), sie entwickelte sich erst später aus der Taufkatechese heraus. In der Konfirmation wird die Taufe von den religionsmündigen Jugendlichen (mit 14 Jahren) bestätigt. Sie sagen Ja zu dem, was in der Taufe geschehen ist: Gott hat Ja zu dem Täufling gesagt. Vielfach wurden die Konfis als Baby getauft, so dass ihre Eltern und Paten stellvertretend Ja gesagt haben. In der Konfirmation wird das als eigenes Bekenntnis wiederholt, nachdem die Konfis in der Konfizeit vom Inhalt und Geschenk des Evangeliums gehört haben und somit wissen, wozu sie Ja-Sagen.

VERLAUFSPLAN

Phase	**Inhalt**	**Medien**
Beginn Einstieg	Andacht	
Erarbeitung 1	Ankommensrunde Taufsprüche der Konfis erraten	Taufsprüche der Konfis
Erarbeitung 2	Die Konfis erarbeiten sich in Einzelarbeit das AB 1, gemeinsame Auswertung	AB 1 Taufe
Erweiterung 1	Die Konfis bekommen die Aufgabe, in Kleingruppen Gemeindeglieder über Taufe zu befragen und dieses mit ihrem Handy aufzunehmen – Handyvideo erstellen (Teamer)	– Handy – Adressen der Gemeindeglieder – Zettel mit Fragestellungen (evtl. Fahrrad)

Pause	Mittagessen	
Ergebnisse betrachten	Die Handyvideos werden mit Beamer betrachtet und kurz ausgewertet	Handyvideos, Beamer
Erweiterung 2	Kreative Auseinandersetzung mit dem eigenen Taufspruch	Zettel, Stifte, Flasche, Säge, Holz
Erweiterung 3	Die Taufsprüche in Flaschenpost oder Holzboot in einen Fluss geben.	
Abschluss	Kurze Abschlussandacht	

ANDACHT ZU BEGINN

Lieder:
- Wir sind hier zusammen (SJ 39)
- Ich bin getauft auf deinen Namen (EG 200)
- Blessed be your name (FJ 3)

Bibeltext:
- Matthäus 3,13ff, die Taufe Jesu durch Johannes

ERARBEITUNG 1

Im Vorfeld zu diesem Konfitag werden die Jugendlichen gebeten, ihren Taufspruch mitzubringen. Auch sollten sie mit ihren Eltern über ihre eigene Taufe ins Gespräch kommen: Was gab es Besonderes, wo wurden sie wann getauft? Noch nicht getaufte Konfis sollen einen schönen Bibelspruch auswählen (evtl. gemeinsam mit ihren Eltern), der ein möglicher Taufspruch für sie sein könnte. Alle Taufsprüche werden von den Teamern eingesammelt. Nach einer kurzen Ankommensrunde wird ein Taufspruch vorgelesen, und die Konfis sollen erraten, zu welchem Konfi dieser Spruch gehört. So werden nacheinander alle Bibelsprüche den Jugendlichen zugeordnet.

ERARBEITUNG 2

Da der weitere Tag sehr praxisorientiert sein wird, ist es zu Beginn wichtig, sich inhaltlich und theologisch der Taufe zu nähern. Dieses verschafft den Konfis das nötige Hintergrundwissen für die weiteren Gespräche des Tages. Zunächst erarbeiten sie sich allein das Arbeitsblatt 1. Mit diesen Übungen wird bewusst der Umgang mit der Bibel trainiert und gefördert.

ERWEITERUNG 1

Den Jugendlichen wird das Tagesprojekt „Film über die Taufe“ grob skizziert: Im entstehenden Erklärvideo zur Taufe sollen möglichst unterschiedliche Stimmen aus der Gemeinde vorkommen. Dieses Video kann z. B. in einem Taufgottesdienst gezeigt werden. Es sollte nicht länger als fünf Minuten dauern.

Mögliche Filmsequenzen sind:

- ein kurzes „Bibel“-Video zum Thema Taufe, bestehend aus selbstgemalten Bildern (einfachste Variante ist die Taufe Jesu durch Johannes, anspruchsvoller sind Paulustexte zur Tauftheologie);
- Interviews mit Gemeindegliedern über ihre eigenen Tauferfahrungen;
- unterschiedliche Taufbilder (Kindertaufe/Erwachsenentaufe/Seetaufe) sammeln und im Film zeigen.

Die Konfis gehen in Kleingruppen zu Gemeindegliedern. Sie können folgende Fragen stellen und diese mit ihrem Handy filmen:[50]

- Erinnern Sie sich an Ihre Taufe?
- Warum haben Sie sich/Ihre Kinder taufen lassen?
- Warum haben Sie sich als Erwachsener taufen lassen?

---

50 Damit der Film interessant und vielseitig wird, sollte darauf geachtet werden, eine gute Mischung aus älteren und jüngeren Menschen zu interviewen: Eltern, die ihre Kinder bewusst als Baby taufen ließen, und Eltern, die bewusst noch damit warten wollen. Hier könnte man z. B. Familien von frisch getauften Babys noch einmal anfragen. So bleibt die Verbindung zur Gemeinde bestehen.

- Was bedeutet Taufe für Sie?
- Kennen Sie Ihren Taufspruch, und wie lautet er?

ERGEBNISSE BETRACHTEN

Die kurzen Videointerviews werden in der Gruppe gemeinsam betrachtet (Beamer). So sieht die Gruppe nicht nur ihr Interview, sondern auch die anderen. Es folgt eine erste Auswertung:

Was fällt auf? Was ist interessant, was doppelt sich vielleicht?

Wichtig ist auch zu erfragen, was die Jugendlichen über das Video hinaus noch erlebt haben und wie das Gespräch mit teilweise fremden Menschen für sie war.

Das Zusammenstellen des Videos kann in der Großgruppe nicht geleistet werden. Es ist aber eine gute Aufgabe für die Teamer*innen z. B. in der „Jungen Gemeinde".

ERWEITERUNG 2

Nun wird noch einmal auf den eigenen Taufspruch der Konfis geschaut. Es ist gut, seinen Taufspruch zu kennen. Schließlich soll er einen im Leben begleiten.

Die kreative Auseinandersetzung erfolgt in zwei Gruppen nach Neigung der Jugendlichen.

Eine erste Gruppe sägt kleine Holzteile zu Booten und schreibt mit wasserfestem Stift dort den Taufspruch hinein.

Eine zweite Gruppe schreibt in Schönschrift den Taufspruch auf schönes Papier und legt ihn in eine Flasche.

Sehr eindrücklich ist es, nun mit den fertigen Booten und der Flaschenpost zu einem Gewässer (am besten sind Flüsse geeignet) zu gehen und die Boote und Flaschen hineinzuwerfen.

Der Tag endet mit einer Abschlussandacht in der Kirche.

FÜR ZEITSPARER

ARBEITSBLATT 1 – DIE TAUFE

Das ist Anna. Anna möchte sich gerne taufen lassen. Aber was bedeutet das eigentlich?

Wir taufen, weil Jesus selbst uns dazu aufgefordert hat. Schreibe auf, was Jesus Christus im Matthäusevangelium, Kapitel 28,18 und 19, sagt.

Die Taufe nimmt uns auf in die weltweite Gemeinschaft der Christenheit und macht uns offiziell zu Mitgliedern der Kirche. Wir können nur einmal getauft werden.

In den verschiedenen Kirchen gibt es unterschiedliche Vorstellungen, ob bereits Babys getauft werden dürfen oder erst Erwachsene, die bewusst ein eigenes „Ja“ zu ihrer Taufe sagen können.

ZUR ERWACHSENENTAUFE

Lies die Bibelstelle aus dem Römerbrief 6,3–5.
Was bedeutet die Taufe hier?
Schreibe deine Überlegungen mit deinen eigenen Worten kurz auf und überlege dir ein passendes Symbol dazu. Male auch das auf.

ZUR KINDERTAUFE

Lies die Bibelstelle aus dem Markusevangelium 10,13–16.
Jesus sagt: „Wer das Reich Gottes nicht empfängt wie ein Kind, der wird nicht hineinkommen."
Viele Theologen nehmen diesen Satz, um zu argumentieren, dass auch Kinder und Babys getauft werden dürfen. Was denkst du, warum?
Schreibe deine Ideen auf und überlege dir ein Symbol dazu. Male auch dieses auf.

WEITER GEDACHT

Eine enge Verbindung zwischen Konfis und Gemeindegliedern über ein theologisches Thema (Taufe) findet an diesem Tag statt. Die Jugendlichen erfahren persönlich von Gemeindegliedern ihre Gedanken und Erlebnisse zur Taufe. Dadurch, dass später gemeinsam alle Interviews geschaut werden, erkennen die Jugendlichen hautnah in der eigenen Gemeinde, dass es durchaus unterschiedliche Meinungen zu diesem Thema geben kann.

Die Gemeinde wird in dieser Einheit aufs Engste mit der Konfiarbeit verbunden. Gemeindeglieder denken über ihre Taufe nach, was Taufe eigentlich bedeutet, und entdecken ihren Taufspruch neu. In Beziehung mit den Konfis werden sie auf ein wichtiges theologisches Thema aufmerksam gemacht, auch wenn innerfamiliär gerade keine Taufe ansteht.

Der Film über die Taufe, der an diesem Tag entsteht, verbindet alle Beteiligten: Jugendliche, Gemeindeglieder und das Wort Gottes (biblische Geschichten als kurzes Video). Dieser Film wird der Öffentlichkeit innerhalb eines Gottesdienstes (Ostern- oder Taufgottesdienst) präsentiert und auf die gemeindeeigene Homepage gestellt.

Der Tauffilm kann auch gut bei Gesprächskreisen mit Erwachsenen und Senioren gezeigt werden und als Anknüpfungspunkt dienen, um über das Thema „Taufe" ins Gespräch zu kommen. Welche eigenen Erinnerungen an die Taufe oder die Taufe der Kinder gibt es? Was bedeutet Taufe? Wie ist das im ökumenischen Kontext zu sehen? Erwachsenentaufe oder Kindertaufe? All das sind Fragen, über die die Gemeinde ins Gespräch kommen kann. Hier werden durchaus unterschiedliche Meinungen hörbar, aber das kann das Gespräch über die Taufe nur vertiefen.

Auch die eigene künstlerische Auseinandersetzung mit dem Taufvers kann für Gemeindeglieder jeglichen Alters bereichernd sein. Vielen ist ihr Taufvers gar nicht präsent, in der Erinnerung daran schauen sie noch einmal nach und entdecken ihn für sich neu.

#14

DIE BIBEL

DAS BUCH DER BÜCHER

AUF EINEN BLICK

Die Bibel ist die Heilige Schrift, die uns Christen von Gottes Geschichte mit den Menschen berichtet, von seinem Sohn Jesus Christus und dem Wirken durch den Heiligen Geist. Sie ist die Grundlage des christlichen Glaubens. Das Wort Bibel kommt aus dem griechischen: biblia und bedeutet: Bücher. Damit ist bereits ihr Inhalt gemeint. Eine evangelische Bibel besteht aus 66 Büchern (39 im Alten Testament und 27 im Neuen Testament).

Das Wort „Testament" ist lateinisch und bedeutet „Bund". Im Alten Testament ist der Bund Gottes mit seinem Volk Israel beschrieben, im Neuen Testament der Bund, der in Jesus Christus gründet und uns alle mit einschließt.

Der Entstehungsprozess der Bibel erfolgte über mehrere Jahrhunderte und wurde erst im dritten nachchristlichen Jahrhundert abgeschlossen.

Das hebräische Alte Testament (im jüdischen Tanach genannt) besteht aus drei großen Teilen (Tora, Propheten und Schriften) und wurde um 100 n. Chr. in dieser Dreiteiligkeit erstmals zusammen erwähnt.

Das griechische Neue Testament in der Gestalt, die wir heute kennen, wurde erstmals im Osterbrief des Athanasius von Alexandria im Jahr 367 n. Chr. erwähnt.

Die herausragende Stellung der Bibel für den Glauben und für die Kirche fasst Luthers Formel „Sola Scriptura“, „Allein die Schrift“, zusammen.

Die Schrift genügt, um an ihr das christliche Leben und die Verkündigung der Kirche auszurichten.

Die christliche Bibel ist das meistgedruckte, am häufigsten übersetzte und am weitesten verbreitete Buch der Welt.

Um der Frage gerecht zu werden, was wirklich in der Bibel steht, muss in die Urtexte (hebräisch und griechisch) geguckt werden. Die Bibeln, die wir benutzen, sind Übersetzungen und somit immer auch Interpretationen. In der Erarbeitungsphase 2 dieses Konfitages wird das mit den Jugendlichen anhand des 23. Psalms in drei Übersetzungen betrachtet. Hierbei handelt es sich um sehr unterschiedliche Übersetzungen. Die Lutherbibel, die VolxBibel und die Bibel in gerechter Sprache.

Besonders die VolxBibel und die Bibel in gerechter Sprache richten sich an ein spezielles Zielpublikum und ändern den Urtext dahingehend, ihr Anliegen deutlich zu machen. Die VolxBibel, Version 1.0, ist erstmals 2005 erschienen. Im Laufe der Jahre erscheinen Updates der Übersetzung, die auch im Internet bearbeitet werden können und sollen. Sie will mit ihrer Sprache – Umgangssprache – besonders nichtchristlich sozialisierte Jugendliche ansprechen und von ihnen verstanden werden. Gleichnisse und Gegenstände, die im Neuen Testament erwähnt werden, werden in der VolxBibel teilweise in die heutige Zeit übertragen. Das Gleichnis vom verlorenen Schaf (Lukas 15,4–7) wird in der VolxBibel übersetzt als die Geschichte von der Katze, die verschwunden war. Dieses Bibelprojekt ist nicht unumstritten, da es u. a. sehr frei übersetzt und eher bearbeitet als übersetzt.

Die Bibel in gerechter Sprache ist von 2001–2016 von 40 weiblichen und 12 männlichen Bibelwissenschaftler*innen angefertigt worden. Sie nimmt Anliegen der feministischen Theologie, des jüdisch-christlichen Dialoges, der Sozialethik und der Befreiungstheologie auf. So werden z. B. Frauen immer mitgenannt, bsp. „Jüngerinnen und Jünger“. Überall dort, wo der Gottesname steht, werden unterschiedliche Lesemöglichkeiten geboten: Adonaij, die Ewige, Ich-bin-da.

Auch diese Bibelübersetzung ist nicht unumstritten.

VERLAUFSPLAN

Phase	**Inhalt**	**Medien**
Beginn	Andacht	
Einstieg	– eigene Bibeln zeigen – Plakat: Was weiß ich zur Bibel (sammeln)	Bibel
Erarbeitung 1	– Bibelzeitstrahl, Zuordnung Daten, Personen, Inhalt – Bibelinhalt/ Verzeichnis/ Bibelstellen finden	– Kreide und Zeitkarten (AB 1) – Bibel
Erarbeitung 2	Psalm 23 unterschiedliche Übersetzungen	AB 2
Erweiterung	Gespräch mit Senioren (Leitfragen)	– Leitfragen AB 3
Vertiefung	Bibelfußball	Bibeln
Pause		
Kreativteil Abschlussandacht	– Gemeindebibel/Infos – Konfis gestalten Außenumschlag ihrer Bibel	Bibeln, Arbeitsmaterial

ANDACHT ZU BEGINN

Lieder:

- Lord I Lift your name on high (FJ 1)
- Wohl denen, die da wandeln (EG 295)
- When Israel was in Egyptsland (SJ 104)

Bibelstellen:

Unterschiedliche Buchanfände/Briefanfänge zur Absicht ihrer Entstehung (von verschiedenen Teamern vorlesen lassen)

- Lukas 1,1.4
- Titus 1,1–4
- Offenbarung 1,1–3
- Amos 1,1
- Micha 1,1

EINSTIEG

Alle Konfis werden gebeten, von zu Hause eine Bibel mitzubringen. Zum Einstieg werden alle Bibeln betrachtet und festgestellt, welche Bandbreite an unterschiedlichen Bibeln es gibt (Kinderbibeln / fremdsprachige Bibeln / unterschiedliche Ausgaben / Kunstbibeln u. v. m.).

Auf einem Plakat wird gesammelt, was die Jugendlichen über die Bibel wissen. Die Ausgangsfrage bleibt bewusst offen, um möglichst viel unterschiedliches Wissen zur Bibel zu sammeln: biblische Geschichten und Personen ebenso wie etwas zur Entstehungsgeschichte der Bibel.

Im Laufe des Tages werden die Konfis dieses Wissen erweitern können.

ERARBEITUNG 1

Mit Kreide wird vor der Kirche / dem Gemeindehaus eine lange Linie als Zeitstrahl auf dem Boden gezogen. Die Jugendlichen bekommen jeder mindestens eine Karte (siehe Punkt 3) mit Jahreszahlen, Personennamen oder Kurzinfos.

Ihre Aufgabe ist es, gemeinsam diese Karten in die richtige zeitliche Abfolge zu legen, beginnend mit der Schöpfung und endend mit der Kanonisierung des Neuen Testaments. Im Gespräch untereinander und mit den Teamern können sie sich selbst viel erarbeiten. Zu den Personennamen und geschichtlichen Ereignissen wird die biblische Geschichte erzählt.

Die biblischen Geschichten und die historische Entwicklung werden hier gemeinsam betrachtet, um einen besseren Gesamtüberblick zu bekommen.

Es gibt auch leere Karten, die die Konfis noch dazulegen können, gefüllt mit ihrem eigenen Wissen.

Das Ergebnis wird fotografisch festgehalten und entweder zum nächsten Konfitag ausgedruckt und den Jugendlichen mitgegeben oder in eine Konfi-WhatsApp-Gruppe gestellt, so dass die Jugendlichen das Ergebnis auch sichtbar vor Augen haben.

Im Anschluss an diese erste Erarbeitungsphase wird gemeinsam genauer in die Bibeln geschaut. Der Gebrauch des Inhaltsverzeichnisses wird erklärt (durch Teamer). Das Nachschlagen von Bibelstellen wird geübt, später im Spiel „Bibelfußball" wird dieses Wissen eingesetzt und vertieft.

ERARBEITUNG 2

Es gibt viele unterschiedliche Übersetzungen der Bibel (Lutherbibel / Gute Nachricht Bibel / Züricher u. v. m.).

Um den Jugendlichen bewusst zu machen, dass diese Übersetzungen sich teilweise im Inhalt und in ihren Adressaten unterscheiden, wird der 23. Psalm in mindestens drei Übersetzungen betrachtet.

Zunächst die Lutherübersetzung, die wohl den meisten vertraut ist. Dann die VolxBibel und schließlich die Bibel in gerechter Sprache.

Die Jugendlichen finden gemeinsam im Gruppengespräch heraus, wo die Unterschiede liegen und für welche Zielgruppe die Übersetzungen geschrieben wurden. So werden sie bei der VolxBibel schnell auf Jugendliche als Zielgruppe kommen. Bei der Bibel in gerechter Sprache bieten sich mehrere Adressaten an.

ERWEITERUNG

Die persönliche Bedeutung der Bibel für ein Leben und der persönliche Umgang mit der Bibel in einem Leben unterscheiden die Bibel von anderen Büchern.

Um den Konfis hier einen reichen Schatz an Erfahrungen zu bieten, werden Seniorinnen und Senioren aus Gemeindekreisen eingeladen (Frauenkreis, Seniorenkreis, Gesprächskreise usw.).

Die Jugendlichen und Senioren finden sich jeweils zu zweit oder dritt zusammen und kommen mit Hilfe von Leitfragen, die das Gespräch unterstützen, ins Gespräch über die Bibel und deren Bedeutung im persönlichen Leben.

Die Leitfragen dienen als Einstieg und können auch von den Jugendlichen beantwortet werden, nicht nur von den Senioren.

Ein 5. Arbeitsauftrag auf dem Zettel fordert dazu auf, eine Bibelfrage zu erstellen, die im anschließenden Spiel „Bibelfußball" verwendet wird.

VERTIEFUNG

Im Anschluss an die Gespräche spielen Jugendliche und Senioren gegeneinander „Bibelfußball."[51]

Ziel des Spiels ist es, möglichst schnell Bibelstellen nachzuschlagen und die Antwort in dieser Bibelstelle zu finden. Wer die Antwort zuerst findet, darf auf dem Fußballfeld einen Schritt nach vorne ziehen. Wer am Ende die meisten Tore hat, hat gewonnen.

Neben dem Spaßfaktor dient dieses Spiel dem vertiefenden Umgang mit der Bibel und dem Finden von Bibelstellen. Das wird trainiert und gefestigt.

---

51 Z. B. https://www.mikulakurt.net/app/download/8314445/Bibelfußball.pdf
Im Internet findet man viele Fragen und Versionen zum Stichwort „Bibelfußball".

KREATIVTEIL
GEMEINDEPROJEKT: BIBEL ABSCHREIBEN

In der Gemeinde gibt es ein großes, gebundenes Lederbuch, in dem die ganze Gemeinde die Bibel abschreibt. In diversen Kreisen wird immer mal wieder ein Stück abgeschrieben, wenn es gerade thematisch passt. Dieses Projekt verbindet alle Gemeindekreise.

Die Jugendlichen haben gehört, dass die Erzählungen aus der Bibel zunächst über Jahrtausende mündlich tradiert wurden und anschließend bis zum Buchdruck vor 500 Jahren handschriftlich, hauptsächlich in den Klöstern, abgeschrieben wurden. Was für eine Arbeit, aber auch Meditation das sein kann, erleben die Konfis so in Ansätzen.

Sie sind an der Reihe, hier ein Stück fortzuschreiben. Kalligrafische Ornamente können auch verwendet werden. Während der zweijährigen Konfizeit sollen alle Jugendlichen etwas (abschnitt-/geschichtenweise) in diese Gemeindebibel geschrieben haben.

Das große kreative Projekt für diesen Konfitag ist die Gestaltung eines Außenumschlags für eine eigene Bibel.[52] Mit dem Gestalten der Außenseite der Bibel bleibt die Bibel nicht mehr nur ein Buch unter vielen für die Jugendlichen, sondern bietet die Möglichkeit zur persönlichen Aneignung.

Gerade durch die Gespräche mit den älteren Gemeindemitgliedern motiviert, die von ihren besonderen Erfahrungen und Stellen aus der Bibel erzählen, überlegen die Konfis, an welchen Stellen die Bibel in ihrem eigenen Leben vorkommt. Wie lässt sich das künstlerisch umsetzen? Was ist ihnen wichtig?

Es gibt verschiedene Möglichkeiten, den Außenumschlag der Bibel zu gestalten. Mögliche Gestaltungsmethoden und Ideen sind:

---

52 Leitfaden der Deutschen Bibelgesellschaft zum Gestalten der Außenseite einer Bibel mit Konfirmanden: https://www.diebibel.de/media/articles/pdf/Anleitung_Bibelausgaben_zum_Selbstgestalten.pdf.

- Name oder Taufspruch der Konfis
- Lieblingsbibelgeschichte der Jugendlichen als ein Bild oder als Bilderabfolge
- christliche Motive (Kreuz, Engel, Christussymbole)
- Fotos mit regionalem Bezug (regionale Kirchenkunst …)
- Farblich ohne Motiv
- Acrylfarbe
- Spraydosen
- Stempel
- Lacke oder Lackstifte

Bevor die Konfis den Außenumschlag der Bibel gestalten, sollten eine Entwurfsskizze gemacht und die Technik ausprobiert werden.

Die gestalteten Bibeln begleiten die Jugendlichen in der Konfizeit, sie verbleiben in den Gemeinderäumen und können so auch von anderen betrachtet werden. Die unterschiedlichen Gestaltungsideen können in anderen Kreisen und Gruppen diskutiert werden oder anregen, selbst nachzudenken, wie ein Außenumschlag der Bibel gestalten werden kann.

Nach der Konfirmation bekommen die Konfis ihre Bibel mit nach Hause.

3. FÜR ZEITSPARER

ARBEITSBLATT 1

Jedes Kästchen ist ein einzelner Zettel zum Zuordnen auf dem Zeitstrahl.

Entstehung der Welt	3761 v. Chr. nach jüdischer Zeitrechnung	Abraham
Isaak	Jakob	2000 v. Chr.
10 Gebote	Moses und Auszug aus Ägypten	Gefangenschaft in Ägypten
Josua und Einzug in Kanaan	1250 v. Chr.	1200 v. Chr.
Richterzeit (Simson/ Deborah/ Gideon)	1500–1000 v. Chr. Menschen erzählen von ihren Erfahrungen mit Gott (Schöpfung, Noah, Abraham, Mose…)	Elija
Reichsteilung 926 v. Chr.	Prophet Jesaja	Prophet Jeremia
Rückkehr (unter dem Perserkönig Kyros) Wiederaufbau des Tempels und der Stadtmauer	1000–600 v. Chr. Einzelne Geschichten werden an Königshöfen aufgeschrieben (Priester und Propheten)	Priester sammeln Geschichten und stellen sie zusammen David
Prophet Ezechiel Salomo (Tempel)	Saul (1. König) 1000 v. Chr.	Babylonische Gefangenschaft (587–539 v. Chr.)
0–30 n. Chr.	30–50 n. Chr.	50-100 n. Chr.

Jesus lebt, predigt, vollbringt Wunder	Geschichten von Jesus werden weitererzählt	Paulusbriefe und andere Briefe werden geschrieben
Evangelien werden geschrieben	Die Bücher und die Abfolge des Alten Testaments werden festgelegt 100 n. Chr.	Die Bücher und die Abfolge des Neuen Testaments werden festgelegt 400 n. Chr.

ARBEITSBLATT 2

PSALM 23 IN UNTERSCHIEDLICHEN ÜBERSETZUNGEN

Der gute Hirte

1 Ein Psalm Davids. Der HERR ist mein Hirte, mir wird nichts mangeln.
2 Er weidet mich auf einer grünen Aue und führet mich zum frischen Wasser.
3 Er erquicket meine Seele. Er führet mich auf rechter Straße um seines Namens willen.
4 Und ob ich schon wanderte im finstern Tal, fürchte ich kein Unglück; denn du bist bei mir, dein Stecken und Stab trösten mich.
5 Du bereitest vor mir einen Tisch im Angesicht meiner Feinde. Du salbest mein Haupt mit Öl und schenkest mir voll ein.
6 Gutes und Barmherzigkeit werden mir folgen mein Leben lang, und ich werde bleiben im Hause des HERRN immerdar.

(Lutherübersetzung, 2017)

Gott ist mein Dauergastgeber

1 Gott höchstpersönlich ist mein Dauergastgeber, [whoa] der mich nonstop erfüllt, denn seine Power ist unfehlbar.
2 Er bringt mich zu einer All-you-can-eat-Bar mit allem, was mein Herz begehrt und liebt [whoa / ja]. //
3 Darauf folgt 'ne lange Ruhepause im Chill-out-Raum. Somit kann ich erfrischt und gestärkt zu ihm aufschauen. Er allein zeigt mir, wie ich mit Qualität leben kann. Letztlich geht es um ihn, wie ich seinen Namen ehren kann. //

4 Und wenn ich mal keinen Ausweg sehe, mich die Depression packt
wie 'ne dunkle Wolke, hab ich dennoch keine Angst. Denn ganz
egal, wie verfahren die Situation auch ist, vertrau ich ihm, weil er
mich sicher wieder herauszieht. // Und die Krönung ist, er setzt so-
gar noch einen drauf:
5 Er bereitet vor mir ein Buffet, so lang wie 'n Reihenhaus und das,
obwohl alles um mich herum nach Kampf aussieht. Er spricht 'nen
Toast auf mich aus, weil er mich nie aufgibt. // Es kommt noch bes-
ser, er rollt den roten Teppich vor mir aus,
6 er ehrt mich, denn ich nehme Anteil an seinem Haus. Mein Leben
lang gibt er mir Gutes und hält nie was zurück. Nur bei ihm bin ich
zu Hause, in jedem Augenblick!
(VolxBibel, 2014)

1 **Ein Psalm. Von David. Adonaj weidet mich, mir fehlt es an nichts.**
2 Auf grüner Wiese lässt Gott mich lagern,
zu Wassern der Ruhe leitet Gott mich sanft.
3 Gott lässt meine °Lebendigkeit °zurückkehren.
Gott führt mich auf gerechten Spuren –
so liegt es im Namen Gottes.
4 Wenn Finsternis tief meinen Weg umgibt,
°fürchte ich nichts Böses.
Ja, du bist bei mir,
dein Stab und deine Stütze – sie lassen mich aufatmen.
5 Du bereitest einen Tisch vor mir,
direkt vor denen, die mich bedrängen.
Mit Öl salbst du mein Haupt.
Mein Becher fließt über.
6 Nur Gutes und °Freundlichkeit
werden mir alle Tage meines Lebens folgen,
und ich werde °zurückkehren in das Haus Adonajs
für die Dauer meines Lebens.
(Bibel in gerechter Sprache, 2006)

ARBEITSBLATT 3: LEITFRAGEN FÜR DIE GESPRÄCHE ZWISCHEN KONFIS UND SENIOREN*INNEN

1. Haben Sie eine Lieblingsgeschichte in der Bibel, welche ist das, und warum mögen Sie diese?
2. Haben Sie einen Bibelvers, der Ihnen besonders lieb ist und nach dem Sie Ihr Leben ausrichten?
3. Lesen Sie regelmäßig in der Bibel, wann und warum?
4. Wenn Sie den Außenumschlag der Bibel gestalten sollten, was würden Sie darauf malen und schreiben, und warum?
5. Erstellt gemeinsam eine Bibelfrage für das Spiel „Bibelfußball".

WEITER GEDACHT

Nahezu alle Teile dieses Konfitages lassen sich in anderen Gemeindekreisen und in der Schule durchführen: Das Zuordnen auf dem Zeitstrahl, das Spiel „Bibelfußball", die Betrachtung des 23. Psalms in unterschiedlichen Übersetzungen und schließlich die eigenen Gedanken zum Außenumschlag der Bibel.

Die Gespräche zwischen Senior*innen aus der Gemeinde und den Jugendlichen fördern das Verständnis untereinander und bieten den Jugendlichen Ideen für die Gestaltung der Außenumschlagseite. Ein besonders verbindendes Element innerhalb der Gemeinde ist das Projekt des gemeinsamen Abschreibens der Bibel.

Bewusst soll hier meditativ, fast kontemplativ gearbeitet werden. Es wird nicht in der Gruppe abgeschrieben, sondern die Bibel liegt in einer Dorfkirche aus. Mit Zeit und in Ruhe kann jeder sich allein dem Experiment annähern, beim gewissenhaften Abschreiben über der Bibel zu meditieren. Eine Erfahrung, die gerade in unserer hektischen Welt viele Menschen sonst nicht mehr machen können.

#15

GOTTESDIENST

MEIN GOTTESDIENST

AUF EINEN BLICK

„Wo zwei oder drei versammelt sind in meinem Namen, da bin ich mitten unter ihnen“ (Matthäus 18,20).

Im Vertrauen auf diese Verheißung Jesu versammelt sich die Gemeinde zum Gottesdienst am Sonntag, als dem Tag der Erinnerung an die Auferstehung Christi. Sie will mit Gott in Verbindung treten.

Gottesdienst ist Zwiesprache zwischen Gott und den Menschen. Wir „dienen“ Gott, und Gott „dient“ den Menschen im Gottesdienst. Martin Luther brachte dies auf die Formel, dass im Gottesdienst nichts anderes geschehe, als „dass unser lieber Herr mit uns rede durch sein heiliges Wort und wir wiederum mit ihm reden in Gebet und Lobgesang“[53]. Das Leben in seiner Gesamtheit wird im Gottesdienst vor Gott gebracht (mit Freude, Lob, Dank, Klage und Bitte).

Der Gottesdienst nimmt traditionelle geschichtliche Ausdrucksformen ebenso auf wie moderne und zeitgenössische.

Mit dem Wort Liturgie wird der Ablauf des Gottesdienstes beschrieben. Ein evangelischer Gottesdienst folgt i. d. R. einer vierteiligen Struktur[54]:

---

53 Nach Luther bei seiner Rede zur Einweihung der Torgauer Schlosskirche 1544. Vgl. Arnold, J., „Was geschieht im Gottesdienst?“, S. 11.

54 Vgl. Evangelisches Gottesdienstbuch, S. 37ff.

1) Eröffnung und Anrufung
Mit ihren Gesängen lobt die Gemeinde Gott und ruft zu ihm in ihren Gebeten.

2) Verkündigung und Bekenntnis
Die Gemeinde hört auf den Zuspruch des Wortes Gottes aus der Bibel und der Predigt und bekennt ihren Glauben.

3) Abendmahl
In der Feier des heiligen Abendmahls erfährt die Gemeinde Gemeinschaft mit Christus und untereinander.

4) Sendung und Segen
Die Gemeinde bittet Gott für alle Menschen und für die Nöte in Kirche und Welt. Mit dem Segen Gottes lässt sie sich in den Alltag senden.

Es gibt in der Evangelischen Kirche Deutschlands zwei Grundordnungen für den Gottesdienst, an denen sich die Gemeinden orientieren können: Die erste Grundordnung ist lutherisch geprägt und nimmt viele Elemente der lateinischen Messe auf, die Luther ins Deutsche übersetzt hat. Die zweite Grundordnung ist reformiert geprägt.

In diesem Entwurf wird der lutherisch geprägte Gottesdienstablauf[55] mit den Jugendlichen genauer betrachtet. Zum einen ist es die Form, die im Gottesdienst vor Ort gefeiert wird. Zum anderen finden sich hier mehr Gebete, liturgische Lieder und Stücke, die in der weltweiten Kirche und in der Ökumene (katholisch und anglikanisch) ebenso gebräuchlich sind.

Einzelne Teile der Liturgie sind sehr alt.[56] Durch diese Liturgie verbinden sich im Gottesdienst die Christen der vergangenen Jahrtausende mit uns Christen heute. In der Ökumene sind wir mit unseren

55 Siehe genauer Punkt 3.

56 Z. B. sind die Psalmen vorchristlich, das Vater Unser wird auf Jesus selbst zurückgeführt, und die Kyrie- und Halleluja-Rufe sind ebenfalls gut 2000 Jahre alt.

Glaubensgeschwistern Teil der weltweiten Christenheit, ebenfalls verbunden durch die Liturgie.

Den Jugendlichen Zugang zum Gottesdienst und zur Liturgie des Gottesdienstes zu schenken, geschieht am ehesten durch Verständnis und Kenntnis der Liturgie sowie durch das eigene Mitgestalten des Gottesdienstes. Aus diesem Grund werden die Konfis während ihrer Konfizeit in möglichst viele Gottesdienste aktiv mit eingebunden.

VERLAUFSPLAN

Phase	**Inhalt**	**Medien**
Beginn	Andacht	
Einstieg und Erarbeitung	– Ablauf eines Gottesdienstes – Erklärung der einzelnen Teile	Karten mit den Gottesdienstteilen Ausgefüllte Fragebögen
Vertiefung	Einbringen der Ergebnisse des Fragebogens	
Erweiterung/ Übertragung	Vorbereitung des Vorstellungsgottesdienstes	
Andacht		

ANDACHT ZU BEGINN

Lieder:

- Wir sind hier zusammen in Jesu Namen (SJ 39)
- Verleih uns Frieden gnädiglich (SJ 72)

Bibeltext:

- Apostelgeschichte 2,42–47

Zur Vorbereitung dieses Tages haben die Konfis einen Brief mit einem Fragebogen und der Aufgabe bekommen, einen der nächsten Gottesdienste zu besuchen und nach dem Gottesdienst Gemeindegliedern diese Fragen zu stellen. Der ausgefüllte Fragebogen wird am Konfitag weiter bearbeitet.

EINSTIEG UND ERARBEITUNG

Nach der Andacht und einer Begrüßungsrunde bekommen die Konfis Karten (siehe Punkt 3) mit den unterschiedlichen Teilen eines Gottesdienstes, die sie auf dem Boden in die richtige Reihenfolge legen sollen.

Hier ist Erinnerungsvermögen und Gemeinschaftssinn nötig.

Es ist auch möglich, mehrere Gruppen parallel und um die Wette ordnen zu lassen, das spornt die Jugendlichen zusätzlich an.

Anschließend werden die Abläufe verglichen und die Bedeutung der einzelnen Teile im gemeinsamen Gespräch erarbeitet.

In einem weiteren Schritt kennzeichnen die Konfis alle Teile des Gottesdienstes, in denen die Gemeinde aktiv ist (Lied / Votum / Vater Unser / Kyrie und Gloria / Psalm / Glaubensbekenntnis). Es ist überraschend festzustellen, dass die Gemeinde bei mehr als der Hälfte des Gottesdienstes aktiv beteiligt ist.

VERTIEFUNG

Die Fragebögen zum Gottesdienst an die Gemeindeglieder werden nun mit dem Gottesdienstablauf in Verbindung gebracht. Es wird erkannt und diskutiert:

- Welche Teile sind der Gemeinde wichtig und warum?
- Welche Teile sind mir wichtig?

Über den bloßen Ablauf des Gottesdienstes hinaus kommen die Jugendlichen hier der Frage nach dem Sinn und dem persönlichen Gewinn eines Gottesdienstes und seiner unterschiedlichen Teile auf die Spur.

ERWEITERUNG UND ÜBERTRAGUNG

Dieser Tag ist für das Ende der Konfizeit konzipiert. An ihm bereiten die Konfis ihren Vorstellungsgottesdienst (vor der Konfirmation) vor.

Sie erarbeiten sich zunächst Hintergrundwissen zum Aufbau eines Gottesdienstes und der Funktion seiner verschiedenen Teile.

Anschließend gestalten sie ihren eigenen Gottesdienst und entscheiden, was von dem Ablauf eines „normalen“ Gottesdienstes in ihren Vorstellungsgottesdienst mit hineingehört und was nicht. Sein Thema dürfen die Jugendlichen frei wählen.

Anschließend erfolgt die Erarbeitung und Vorbereitung der verschiedenen liturgischen Teile und der Predigt (auch als Anspiel oder Dialogpredigt denkbar). Pfarrpersonen und Teamer*innen unterstützen und helfen.

Es ist ratsam, das Thema des Vorstellungsgottesdienstes bereits an einem Konfitag zuvor gemeinsam festgelegt zu haben. So können sich alle bereits mit dem Thema beschäftigen, Ideen und Material sammeln.

Durch die Fragebögen und Gespräche mit den Gemeindegliedern über den Gottesdienst haben die Jugendlichen auch die Wünsche und Anliegen der Gemeinde im Blick und können in ihrer Vorbereitung darauf Rücksicht nehmen.

FÜR ZEITSPARER

FRAGEBOGEN NACH DEM GOTTESDIENST AN DIE GEMEINDEGLIEDER

1) Warum waren Sie heute im Gottesdienst?

2) Worauf freuen Sie sich im Gottesdienst am meisten, welcher Teil gefällt Ihnen am besten?

3) Was darf Ihrer Meinung nach im Gottesdienst nicht fehlen?

4) Sagen Sie bitte in ein oder zwei Sätzen, warum Gottesdienst für Sie wichtig ist!

5) Haben Sie Ideen, wie der Gottesdienst bei uns vielleicht noch besser werden kann?

TEILE DES GOTTESDIENSTES AUF EINZELNEN KARTEN

Abkündigung	Glockengeläut	Glaubens-bekenntnis	Biblische Lesung
Begrüßung	Kollekte	Lied	Evangeliums-lesung
Fürbitten	Psalmgebet	Predigt	Eingangsmusik
Kyrie und Gloria	Votum	Lied	Vater Unser
Abendmahl	Lied	Musik	Tagesgebet
Segen	Nachspiel		

DER ABLAUF EINES GOTTESDIENSTES MIT ERKLÄRUNGEN[57]

Teil 1 Eröffnung und Anrufung

- Glockengeläut (Die Glocke ruft die Gläubigen zusammen und macht deutlich: Heute ist ein besonderer Tag.)
- Eingangsmusik (Sie stimmt auf das ein, was kommt: die Begegnung mit Gott.)
- Votum (Im Namen des Vaters – Sohnes – Heiligen Geistes: Es macht deutlich, in wessen Namen wir versammelt sind und diesen Gottesdienst feiern, Erinnerung an die Taufe.)
- Begrüßung (Sie nennt u. U. schon das Thema des Tages.)
- Lied (Morgenlied, Lied zur Sammlung)
- Psalmgebet – im Wechsel Pfarrer und Gemeinde, Psalmen als Lieder des Volkes Israels zeigen die Verbindung des Christentums zum Judentum, und die Fülle des Lebens kommt in ihnen vor (Leid, Klage, Lob, Dank und Bitte).
- Gloria Patri, Kyrie und Gloria (Im Kyrie-Gebet wird ausgesprochen, an welchen Punkten wir vor Gott versagt haben, seine Hilfe brauchen und um seine Vergebung bitten – Herr, erbarme dich.) Im Gloria-Gesang stimmen wir ein in das Lob Gottes. Die alten liturgischen Gesänge verbinden uns mit den Gläubigen der letzten zwei Jahrtausende.
- Tagesgebet (Es nimmt in kurzer Form das Thema des Gottesdienstes auf.)

Teil 2 Verkündigung und Bekenntnis

- Biblische Lesung (aus dem Alten Testament oder den Briefen, passend zum Thema des Sonntags).
- Lied
- Evangeliumslesung (ein Höhepunkt des gottesdienstlichen Geschehens, die Gemeinde erhebt sich zur Evangeliumslesung und

57 Entwurf nach der Grundform des Evangelischen Gottesdienstbuchs, Agende der EKU und VELKD, S. 37ff.

rahmt diese durch liturgische Gesänge; Ehre sei dir, Herr; Lob sei dir, Christus).

- Glaubensbekenntnis (Die Gemeinde antwortet und stimmt dem Evangelium zu mit dem Bekenntnis des christlichen Glaubens. Steht das Glaubensbekenntnis nicht an dieser Stelle, so kann es auch nach der Predigt als deren Zustimmung und Bekräftigung stehen.)
- Wochenlied
- Predigt (Sie schlägt die Brücke zwischen Aussagen von damals aus der Bibel und heute und bleibt somit aktuell.)
- Musik

Teil 3 Abendmahl[58]

Teil 4 Sendung und Segnung

- Abkündigungen (Die Gemeinde bildet sich hier als feiernde, lobende und trauernde Gemeinschaft selbst ab. Interna werden mit der Gemeinde geteilt.)
- Kollekte/Dankopfer (Geld wird gesammelt für Menschen und Organisationen, denen es nicht so gut geht. Es wird geteilt, gespendet und dadurch dem Nächsten geholfen.)
- Fürbitten (Sie öffnen sich der Gemeinde und der ganzen Welt. Alle Bereiche des Lebens werden vor Gott gebracht. Es wird für andere gebetet, im Vertrauen darauf, dass Gott sich ihrer annimmt.)
- Vater Unser (Dieses Gebet vereint alle Christen weltweit und durch die Zeiten hindurch. Es wurde von Jesus Christus selbst eingesetzt und schließt die Fürbitten ab.)
- Lied (z. B. Segenslied)
- Segen (Aus dem Gottesdienst soll wirken: Wir sind Gottes Boten und können in seinem Segen gehen. Gottes Segen wird uns im Alltag begleiten.)
- Nachspiel

---

58 Siehe den Konfirmandentag zum Thema „Abendmahl: Mit Jesus an einem Tisch“.

WEITER GEDACHT

Den Ablauf des Gottesdienstes mit Karten in Gemeindekreisen oder im Schulunterricht legen zu lassen, ist für alle Altersgruppen (ab 5. Klasse) bereichernd. Vor allem auch die Gottesdienstbesucher, die regelmäßig kommen, wissen manchmal gar nicht, was die einzelnen Teile des Gottesdienstes theologisch bedeuten. Auch ist vielen Gottesdienstbesuchern gar nicht bewusst, wie aktiv sie am Gottesdienst beteiligt sind.

Der Kontaktpunkt zwischen Konfis und Gemeinde ist an diesem Tag in der Aktion mit dem Fragebogen enthalten. Gemeindeglieder werden persönlich nach dem Gottesdienst von Jugendlichen zu ihrer eigenen Meinung zum Gottesdienst gefragt. Die Konfis arbeiten mit den Fragebögen weiter, hören, was der Gemeinde wichtig ist, und nehmen das Gehörte mit in die Arbeit an ihrem Vorstellungsgottesdienst.

LITERATURVERZEICHNIS

- Arnold, Jochen: Was geschieht im Gottesdienst? Zur theologischen Bedeutung des Gottesdienstes und seiner Formen, Göttingen 2011.
- Bildkarten für unser Erzähltheater Jesus ist auferstanden. Eine Geschichte von Ostern, Don Bosco, München 2011.
- Bildkarten für unser Erzähltheater. Der Kreuzweg Jesu, Don Bosco, München 2012.
- Butt, Christian / Trenn, Olaf: Einfach mal machen. Außergewöhnliche Ideen für die Arbeit mit Konfirmandinnen und Konfirmanden, Göttingen 2018.
- „Die Taufe – Eine Orientierungshilfe zu Verständnis und Praxis der Taufe in der evangelischen Kirche", herausgegeben von der EKD, Gütersloher Verlagshaus 2008.
- (Abkürzung EG) Evangelisches Gesangbuch, Ausgabe für die Evangelische Landeskirche in Württemberg, Stuttgart 1996.
- (Abkürzung FJ 1) Feiert Jesus Band 1: Das Jugendliederbuch, SCM Hänssler Musik, 2008.
- (FJ 2) Feiert Jesus Band 2, SCM Hänssler Musik, 2008.
- (FJ 3) Feiert Jesus Band 3: Liederbuch, Hänssler Edition, 2016.
- (FJ 4) Feiert Jesus Band 4: Liederbuch, SCM Hänssler Musik, 2012.
- Goecke-Seischab, Margarete Luise und Ohlemacher, Jörg: Kirchen erkunden Kirchen erschließen. Ein Handbuch mit über 3000 Bildern und Tafeln und einem ausführlichen Lexikonteil, Köln, 2. Aufl. 2002.
- Handbuch der Kirchraumpädagogik, Stuttgart, 2. Aufl., 2008.
- Heussi, Karl: Kompendium der Kirchengeschichte, Tübingen, 18. Aufl. 1991.
- Hellmann, Manfred: Es geht kein Mensch über die Erde, den Gott nicht liebt: Das Leben Friedrich von Bodelschwingh d. Ä., Wuppertal und Zürich 1993.
- Hofsümmer, Willi (Hg.): Ostern erzählen. 120 Vorlesegeschichten für Gottesdienst, Schule und Gruppe, Ostfildern 2013.

- Kessler, Hans-Uwe und Nolte, Burkhardt: Konfis auf Gottsuche: Praxismodelle für eine handlungsorientierte Konfirmandenarbeit, Gütersloh, 3. Aufl. 2005.
- Liederbuch: Kommt, atmet auf. Liederheft für die Gemeinde. Hg. im Auftrag des Landeskirchenamtes der Evangelisch-Lutherischen Kirche in Bayern, Gottesdienst-Institut Nürnberg 2011.
- (Abkürzung SJ) Singt Jubilate, Lieder und Gesänge für die Gemeinde, im Auftrag der EKBO (Hg. G. Kennel), Berlin/München 2012.
- Schulz, Dirk (Hg.): Dietrich Bonhoeffer Werke (DBW)– Illegale Theologenausbildung: Sammelvikariate 1937–1940, Band 15, Gütersloh 1998.
- Starck, Rainer / Hahn, Klaus / Szepanzki-Jansen, Sylvia und Weber, Jörg: Grundkurs KU – Neuausgabe Arbeitsbuch für Konfirmandinnen und Konfirmanden, Gütersloh 2008.
- dies.: Grundkurs KU – Handbuch für Unterrichtende, Gütersloh 2008.

WEITERFÜHRENDE LINKS

- Geschichte: Der Adpfent: http://www.deanita.de/weihnachten/advent3.htm
- Leitfaden der Deutschen Bibelgesellschaft zum Gestalten der Außenseite einer Bibel mit Konfirmanden: https://www.diebibel.de/media/articles/pdf/Anleitung_Bibelausgaben_zum_Selbstgestalten.pdf
- Bibelfußball: https://www.mikulakurt.net/app/download/8314445/Bibelfußball.pdf
- Erklärung zur Simple Show: www.http://simpleshow.com/de-de/

FILMEMPFEHLUNGEN

- „Katharina Luther", Deutschland 2017.
- „Luther", USA 2003.
- „Was ist Was" – Natur Dinosaurier, Erde, Wetter, Vulkane, Tessloff Verlag 2016.

VERWENDETE QUELLEN UND BIBELTEXTE

- Die Volxbibel. Altes und Neues Testament, Martin Dreyer (Hg.), Pattloch Verlag, Volxbibel-Verlag, 2014.
- Das Evangelische Gottesdienstbuch: Agende der EKU und VELKD, Berlin 1999.
- Das Kinderliederbuch, Hg. von Ebert, A., u. a., Claudius Verlag, 10. Auflage 2009.
- Dr. Ulrike Bail / Frank Crüsemann / Marlene Crüsemann (Hg.), Bibel in gerechter Sprache © 2006, Gütersloher Verlagshaus, Gütersloh, in der Verlagsgruppe Random House GmbH.
- Gute Nachricht Bibel, revidierte Fassung, durchgesehene Ausgabe © 2000 Deutsche Bibelgesellschaft, Stuttgart.
- Hoffnung für alle®, Copyright © 1983, 1996, 2002 by Biblica Inc.®. Verwendet mit freundlicher Genehmigung von 'fontis – Brunnen Basel. Alle weiteren Rechte weltweit vorbehalten.
- St. John, Patricia: So groß ist Gott: Geschichten zum Glaubensbekenntnis, Marienheide/Winterthur 2006.
- Lutherbibel, revidierter Text 1984, durchgesehene Ausgabe © 1999 Deutsche Bibelgesellschaft, Stuttgart.
- Lutherbibel, revidiert 2017, © 2016 Deutsche Bibelgesellschaft, Stuttgart.

BILDNACHWEISE

S. 9, 28, 38, 47, 57, 68, 96, 110, 148: privat; S. 100: Peter Hermes Furian (shutterstock.com); S. 101, 128: gemeinfrei.

#konfilogin CD-ROM

Die Material-CD-ROM ergänzt das Praxisbuch und erleichtert die Durchführung der Thementage des #konfilogin-Kurses. Außerdem enthält sie weiterführende Ideen und Tipps zur Vorbereitung auf die Konfirmation.

Auf der CD-ROM sind enthalten:

- **Alle Arbeitsblätter zu den 15 Thementagen (Lizenz zum Ausdrucken inbegriffen)**
- **Zwei zusätzlich ausgearbeitete Konfitage**
- **Zusätzliche Materialien rund um die Konfirmation**
  - drei Entwürfe für Konfirmationspredigten
  - Fragen für die Konfiprüfung
  - Checkliste Konfirmation für Eltern
  - Ideen, um die Eltern der Konfis mit einzubeziehen

#konfilogin
Ein gemeindenaher Kurs in 15 Thementagen.
Material-CD zum Praxisbuch für Unterrichtende
CD-ROM,
ISBN 978-3-7615-6627-5